Eu, __________, dedico este livro a(o)________________.

Que o "Mestre dos Mestres" lhe ensine que nas falhas e lágrimas se esculpe a sabedoria.

Que o "Mestre da Sensibilidade" lhe ensine a contemplar as coisas simples e a navegar nas águas da emoção.

Que o "Mestre da Vida" lhe ensine a não ter medo de viver e a superar os momentos mais difíceis da sua história.

Que o "Mestre do Amor" lhe ensine que a vida é o maior espetáculo no teatro da existência.

Que o "Mestre Inesquecível" lhe ensine que os fracos julgam e desistem, enquanto os fortes compreendem e têm esperança.

Não somos perfeitos. Decepções, frustrações e perdas sempre acontecerão.

Mas Deus é o artesão do espírito e da alma humana. Não tenha medo.

Depois da mais longa noite surgirá o mais belo amanhecer. Espere-o.

_____ /_____ /_______

AUGUSTO CURY

O Mestre da Sensibilidade

SEXTANTE

Foram utilizadas as seguintes versões dos evangelhos:
a Bíblia de Jerusalém, João Ferreira de Almeida, King James e Recovery Version.

edição
Regina da Veiga Pereira

revisão
José Tedin Pinto
Sérgio Bellinello Soares
Tereza da Rocha

projeto gráfico e diagramação
Ana Paula Daudt Brandão

capa
Raul Fernandes

impressão e acabamento
Bartira Gráfica e Editora S/A

CIP-BRASIL. CATALOGAÇÃO-NA-FONTE
SINDICATO NACIONAL DOS EDITORES DE LIVROS, RJ

C988m Cury, Augusto, 1958-
O mestre da sensibilidade / Augusto Cury; Rio de Janeiro: Sextante, 2012.
144 p.; 14x21 cm; ed. popular

ISBN 978-85-7542-819-1

1. Jesus Cristo - Personalidade e missão. 2. Jesus Cristo - Psicologia. 3. Emoções - Aspectos religiosos - Cristianismo. I. Título.

12-4321 CDD: 232.903
CDU: 27-31

GMT Editores Ltda.
Rua Voluntários da Pátria, 45 – Gr. 1.404 – Botafogo
22270-000 – Rio de Janeiro – RJ
Tel.: (21) 2538-4100 – Fax: (21) 2286-9244
E-mail: atendimento@sextante.com.br
www.sextante.com.br

Ele tinha todos os motivos para ter depressão e ansiedade,
mas nunca alguém foi tão feliz e livre no território da emoção.

Sumário

Prefácio

O Mestre da Sensibilidade faz parte da coleção *Análise da Inteligência de Cristo*. Embora haja inter-relação entre os livros, eles podem ser lidos separadamente, sem obedecer a uma sequência.

O Mestre da Sensibilidade teve sua existência pautada por desafios, perdas, frustrações e sofrimentos de toda ordem. Ele tinha todos os motivos para sofrer de depressão durante sua trajetória de vida, mas não a manifestou; pelo contrário, era alegre e seguro no território da emoção. Tinha também todos os motivos para ter ansiedade, mas não a demonstrou; pelo contrário, era tranquilo, lúcido e sereno. Todavia, no Getsêmani, expressou que sua alma estava profundamente triste. O que ele vivenciou naquele momento: depressão ou uma reação depressiva momentânea? Qual a diferença entre esses dois estados? Quais foram os procedimentos que Cristo adotou para administrar seus pensamentos e superar sua dramática angústia?

Jesus disse: *"Pai, se possível, afaste de mim este cálice, mas não faça como eu quero, mas como tu queres!"* (Mateus 26:39). Ele hesitou diante da sua dor? Alguns veem naquele pedido de Cristo recuo e hesitação. Todavia, se estudarmos detalhadamente seu comportamento, compreenderemos que ele proferiu, naquela noite densa e fria, a mais bela poesia de liberdade, resignação e autenticidade.

Estava plenamente consciente do cálice que iria beber. Seria espancado, açoitado, zombado, cuspido; teria uma coroa de espinhos cravada na cabeça e, por fim, passaria seis longas horas na cruz até a sua falência cardíaca.

A psicologia e a psiquiatria têm muito a aprender com os pensamentos e as reações que o mestre expressou ao longo de sua história, principalmente nos seus últimos momentos. Diante das mais dramáticas situações, ele demonstrou ser o Mestre dos Mestres da escola da vida. Os sofrimentos, em vez de abatê-lo, expandiam sua sabedoria. As perdas, em vez de destruí-lo, refinavam-lhe a arte de pensar. As frustrações, em vez de desanimá-lo, renovavam-lhe as forças.

A missão, propósito ou objetivo de Jesus Cristo é impressionante. Não queria apenas colocar os seres humanos numa escola de sábios, mas também imergi-los na eternidade. Ele os valorizava ao máximo, por isso nunca desistia de ninguém, por mais que o frustrassem. Sob seu cuidado afetivo, as pessoas começaram a contemplar a vida por outra perspectiva.

Investigar a personalidade de Jesus Cristo nos fará assimilar mecanismos para expandir nossa qualidade de vida e prevenir as mais insidiosas doenças psíquicas da atualidade: a depressão, a ansiedade e o estresse.

Augusto Jorge Cury

INTRODUÇÃO

Este livro, como os outros desta coleção, não é sobre religião, não é um estudo teológico, mas uma análise psicológica da humanidade de Cristo. Embora não trate de teologia, provavelmente abordarei detalhes ainda não investigados teologicamente.

Podemos investigar grandes pensadores como Platão, Montesquieu, Descartes, Marx, Max Weber, Adam Smith, Hegel, Freud, Jung, Darwin. Todavia, ninguém foi tão complexo, interessante, misterioso, intrigante e de difícil compreensão como Cristo. Como veremos, ele não apenas causou perplexidade nas pessoas mais cultas da sua época como ainda hoje seus pensamentos e suas intenções são capazes de perturbar a mente de qualquer um que queira estudá-lo em profundidade e sem julgamentos preconcebidos.

Jesus incendiou o mundo com sua vida e sua história. Há mais de dois bilhões de pessoas que dizem amá-lo, pertencentes a inúmeras religiões. Todavia, não se pode amar alguém que não se conheça. E não é possível conhecer adequadamente Jesus Cristo sem estudar os últimos dias de sua vida, pois ali estão contidos os segredos de sua complexa missão, bem como os mais dramáticos elementos que constituíram o seu cálice, o seu sofrimento.

Ele usou cada segundo do seu tempo, cada pensamento da sua mente e cada gota do seu sangue para mudar o destino não apenas do povo judeu, mas de toda a humanidade. Ninguém foi como ele.

Fez milagres espantosos, aliviou a dor de todas as pessoas que o procuraram ou que cruzaram o seu caminho, mas quando precisou aliviar sua própria dor, agiu com naturalidade, esquivou-se de usar o seu poder.

O Mestre da Vida afirmou categoricamente: *"Foi precisamente para esta hora que eu vim"* (João 12:27). Seu objetivo fundamental seria cumprido nos últimos momentos de sua história. Portanto, se quisermos conhecê-lo profundamente, precisamos imergir no conteúdo dos pensamentos e sentimentos que ele expressou antes de ser preso, julgado e sofrer morte clínica. Eles revelam seus mais complexos e importantes segredos.

Embora esta obra tenha significativas limitações, meu desejo é que ela seja de grande ajuda para os que admiram e amam esse personagem cuja existência na Terra remonta a dois mil anos. Entretanto, ressalto que este livro não foi escrito apenas para os cristãos, mas para pessoas pertencentes a todo tipo de cultura e religião: judeus, budistas, islamitas, etc. Ele é dirigido também aos ateus, pois estes igualmente têm direito de estimular a sua inteligência a partir das nobilíssimas funções intelectuais do mestre de Nazaré.

A respeito do ateísmo, devo dizer que, depois de ter estudado sua dimensão psíquica e filosófica, posso afirmar que não há ateu, pois todo ateu é o "deus de si mesmo". Por quê? Porque, apesar de desconhecerem inúmeros fenômenos da existência – tais como os mistérios do Universo, os segredos do tempo e da construção da inteligência humana –, os ateus possuem a crença de que Deus não existe da forma absoluta que só um "deus" poderia assumir. Todo radicalismo intelectual engessa a inteligência e fere o bom senso.

Gostaria de convidar todos os leitores – ateus ou não, religiosos ou não – para estudarmos juntos a personalidade daquele que revolucionou a trajetória humana, expressa nas suas quatro biografias, que são os evangelhos.

Embora excelentes escritores já tenham discorrido sobre diversos aspectos da vida de Jesus Cristo, neste estudo raramente usarei alguma de suas referências. Minha intenção é voltar às origens e realizar uma análise a partir do que Cristo falou, ensinou, discursou, manifestou e deixou subentendido nas entrelinhas dos seus pensamentos e nos seus momentos de silêncio. Estudá-lo é uma aventura que todos os seres pensantes deveriam empreender.

O objetivo do surpreendente mestre de Nazaré era romper o cárcere intelectual dos seres humanos estimulando-os a serem livres no território da emoção. Por isso, expunha suas ideias e nunca as impunha. Há dois mil anos apareceu um homem convidando as pessoas a pensarem nos mistérios da vida.

Cada leitor tem suas convicções pessoais, que devem ser exercidas com liberdade e consciência crítica. A divindade de Cristo é uma dessas convicções. Entretanto, ainda que não se aceite a sua divindade, a personalidade do mestre de Nazaré é de tal forma envolvente, que é possível extrair dela sabedoria e belíssimas lições existenciais.

Em muitos pontos discorrerei sobre fenômenos não observáveis presentes nos discursos finais de Cristo, tais como a superação da morte, a eternidade, os limites do tempo, o seu poder sobrenatural. No entanto, quero que o leitor tenha em mente que, ao estudá-los, não estarei investigando os itens relacionados à fé ou às convicções íntimas, mas aos intrigantes fenômenos ligados ao seu plano transcendental.

Cristo vem da palavra grega *Mashiah* (Messias), que significa "o ungido". Jesus vem da forma grega e latina do hebraico *Jeshua*, que significa "o Senhor é a salvação". Usarei os nomes Cristo, Jesus e mestre de Nazaré despreocupadamente, sem a intenção de explorar os significados de cada um. Apenas em alguns momentos darei preferência específica a um ou a outro e, quando o fizer, o próprio texto deixará clara minha intenção.

Muitos leitores do primeiro livro desta coleção me enviaram e-mails e cartas dizendo que, após a leitura, abriram as janelas de suas mentes e ficaram surpresos com a personalidade de Cristo. Acredito que neste segundo livro ficaremos mais encantados e até perplexos com a ousadia e a complexidade dos pensamentos do mestre de Nazaré, muitos deles produzidos no auge da sua dor.

Embora este livro seja um estudo de filosofia e psicologia, o leitor encontrará, no correr do texto, referências a trechos do Antigo e do Novo Testamento, com indicação do autor, do capítulo e do versículo em que se encontram. Sugiro que, independentemente de sua crença, você tenha uma Bíblia ao alcance da mão. A leitura desses textos no quadro mais amplo em que se apresentam promoverá um conhecimento maior dessa figura única e fascinante que, com suas palavras, seus gestos e atitudes, revolucionou o mundo e o espírito humano.

Capítulo 1

A MATURIDADE REVELADA NO CAOS

É fácil reagirmos e pensarmos com lucidez quando o sucesso bate à nossa porta, mas é difícil conservarmos a serenidade quando as perdas e as dores da existência nos invadem. Muitos, nessas situações, revelam irritabilidade, intolerância e medo. Se quisermos observar a inteligência e a maturidade de alguém, não devemos analisá-las nas primaveras, mas nos invernos de sua existência.

Muitas pessoas, incluindo intelectuais, comportam-se com elegância quando o mundo as aplaude, mas perturbam-se e reagem impulsivamente quando os fracassos e os sofrimentos cruzam as avenidas de suas vidas. Não conseguem superar suas dificuldades nem sequer extrair lições das intempéries.

Houve um homem que não se abalava ao ser contrariado. Jesus não se perturbava quando seus seguidores não correspondiam às suas expectativas. Diferentemente de muitos pais e educadores, ele usava cada erro e dificuldade dos seus íntimos não para acusá-los e diminuí-los, mas para que revissem suas próprias histórias. O mestre da escola da vida não estava muito preocupado em corrigir os comportamentos exteriores dos mais próximos, mas empenhado em estimulá-los a pensar e a expandir a compreensão dos horizontes da vida.

Era amigo íntimo da paciência. Sabia criar uma atmosfera agradável e tranquila, mesmo quando o ambiente à sua volta era turbulento. Por isso dizia: "*Aprendei de mim, pois sou manso e humilde...*" (Mateus 11:29).

Sua motivação era sólida. Tudo ao seu redor conspirava contra ele, mas absolutamente nada abatia seu ânimo. Ainda não havia passado pelo caos da cruz. Sua confiabilidade era tão firme que de antemão proclamava a vitória sobre uma guerra que ainda não tinha travado e que, pior ainda, enfrentaria sozinho e sem armas. Por isso, apesar de ser ele quem devia receber conforto de seus discípulos, ainda conseguia reunir forças para animá-los momentos antes de sua partida, dizendo: *"Tende bom ânimo, eu venci o mundo"* (João 16:33).

Muitos psiquiatras e psicólogos demonstram lucidez e coerência quando discorrem sobre os conflitos dos seus pacientes, mas ao tratarem dos seus próprios conflitos, perdas e fracassos não poucos têm sua estrutura emocional abalada e fecham as janelas da sua inteligência. Nos terrenos sinuosos da existência é que a lucidez e a maturidade emocional são testadas.

Ao longo da minha experiência como profissional de saúde mental e como pesquisador da psicologia e da educação fiquei convencido de que não existem gigantes no território da emoção. Podemos liderar o mundo, mas temos enorme dificuldade em administrar nossos pensamentos nos focos de tensão. Muitas vezes, nossos comportamentos são descabidos, desnecessários e ilógicos diante de determinadas frustrações.

O mestre da escola da vida sabia das limitações humanas, sabia o quanto é difícil gerenciar nossas reações nas situações estressantes. Tinha consciência de que facilmente erramos e nos punimos, ou punimos os outros. Entretanto, ele queria de todo modo aliviar o sentimento de culpa que esmaga a emoção e criar um clima tranquilo e solidário entre os seus discípulos. Por isso, certo dia, ensinou-lhes a se interiorizarem e orarem, dizendo: *"Perdoai as nossas ofensas assim como perdoamos aqueles que nos têm ofendido"* (Mateus 6:12).

Quem vive sob o peso da culpa fere continuamente a si mesmo e torna-se seu próprio carrasco. Mas quem é radical e excessivamente crítico dos outros transforma-se num "carrasco social".

Na escola da vida não há graduação. Quem se sente "diplomado" faz perecer sua criatividade, pois vai perdendo a capacidade de ficar assombrado com os mistérios que a norteiam. Tudo se torna comum para ele, nada havendo que o anime e o instigue. Na escola da vida, o melhor aluno não é aquele que tem consciência de quanto sabe, mas de quanto não sabe. Não é aquele que proclama a sua perfeição, mas o que reconhece suas limitações. Não é aquele que proclama a sua força, mas o que educa a sua sensibilidade.

Todos nós passamos por momentos de hesitação e insegurança. Não há quem não sinta medo e ansiedade em determinadas situações. Não há quem não se irrite diante de certos estímulos. Possuímos fragilidades. Só não as enxerga quem não é capaz de viajar para dentro de si mesmo. Uns derramam lágrimas úmidas; outros, secas. Uns exteriorizam seus sentimentos; outros, numa atitude inversa, os represam. Alguns, ainda, superam com facilidade determinados estímulos estressantes, parecendo inabaláveis, mas tropeçam em outros aparentemente banais.

Diante da sinuosidade da vida, como podemos avaliar a sabedoria e a inteligência de alguém? Quando o sucesso lhe bate à porta ou quando enfrenta o caos?

É fácil mostrar serenidade quando nossas vidas transcorrem como um jardim tranquilo; difícil é quando nos defrontamos com as dores da vida. Os estágios finais da vida de Cristo foram pautados por sofrimentos e aflições. Teria ele conservado seu brilho intelectual e emocional em meio a tão causticantes intempéries?

O mestre brilhou na adversidade: uma síntese das funções da sua inteligência

No primeiro livro estudamos a inteligência insuperável de Cristo. Ele não frequentou escola, era um simples carpinteiro, mas, para nossa surpresa, expressou as funções mais ricas da inteligência: era um especialista na arte de pensar, na arte de ouvir, na arte de expor e não impor ideias, na arte de refletir antes de reagir. Era um maestro da sensibilidade e um agradável contador de histórias. Sabia despertar a sede do saber das pessoas, vaciná-las contra a competição predatória e contra o individualismo, estimulá-las a pensar e a desenvolver a arte da tolerância e da cooperação. Além disso, era alegre, tranquilo, brando, lúcido, coerente, estável, seguro, sociável e, acima de tudo, um poeta do amor e um excelente investidor em sabedoria nos invernos da vida.

Cristo foi visto ao longo dos séculos como um sofredor que morreu na cruz. Tal conceito é pobre e superficial. Temos de analisar Jesus Cristo na sua grandeza. Em um único parágrafo listei vinte características notáveis da sua inteligência. Quem na história manifestou as características do mestre de Nazaré? Raramente alguém reúne meia dúzia dessas características em sua própria personalidade. Elas são universais e por isso foram buscadas de forma incansável pelos intelectuais e pensadores de todas as culturas e sociedades.

Apesar de Cristo ter possuído uma complexa e rica personalidade, dificilmente alguém fica à vontade para falar dele em público, porque há sempre o receio de ser vinculado a uma religião. Entretanto, é necessário discorrer sobre ele de maneira aberta, desprendida e inteligente. Aquele que teve a personalidade mais espetacular de todos os tempos merece um estudo à altura de sua importância. Porém, infelizmente, até nas escolas de filosofia cristã sua vida e sua inteligência são pouco investigadas; quando muito, são apresentadas nas aulas de ensino religioso.

Há pouco tempo, minha filha mais velha mostrou-me um livro de história geral. Por incrível que pareça, ali se resume em apenas uma frase a vida daquele que foi o marco divisório da história da humanidade. Como isso é possível? O texto relata apenas que Jesus nasceu em Belém, na época do imperador romano Augusto, e morreu na época de Tibério. Nem os livros de história o honram.

A superficialidade com que Jesus Cristo foi tratado ao longo do tempo, bem como outros homens que brilharam por sua inteligência, é um dos motivos que conduzem os jovens de hoje a não crescerem como pensadores.

Os educadores não têm conseguido reproduzir o brilho da sabedoria de Cristo. Não conseguem inseri-lo nas aulas de história, de filosofia, de psicologia. São tímidos e reprimidos, não conseguem propor aos alunos uma discussão sobre Jesus, não sob o aspecto religioso, mas ressaltando sua humanidade e sua complexa personalidade. Eu realmente creio que, mesmo numa escola que despreze qualquer valor espiritual, como ocorre na Rússia, o ensino sistemático da história de Cristo poderia revolucionar a maneira de pensar dos alunos.

Se até mesmo nas escolas que seguem as filosofias budista, hinduísta, islamita e judia fossem estudadas as características fundamentais da inteligência do mestre de Nazaré pelos alunos do ensino fundamental, médio e universitário, haveria mais condições de formar pensadores, poetas da vida, pessoas capazes de irrigar a sociedade com solidariedade e sabedoria.

Uma crise na formação de pensadores no terceiro milênio

Uma importante pesquisa que realizei com mais de mil educadores de centenas de escolas apontou que 97% deles consideram que as características da inteligência vividas e ensinadas exaustivamente pelo mestre de Nazaré são fundamentais para a formação da personalidade humana. Entretanto, para nosso espanto, mais de 73% dos educadores relataram que a educação clássica não tem conseguido desenvolver tais funções. Isso indica que a educação, apesar de conduzida por professores dedicados, verdadeiros heróis anônimos, atravessa uma crise dramática.

A educação, portanto, pouco tem contribuído para o processo de formação da personalidade e para a arte de pensar. A escola e os pais estão perdidos e confusos quanto ao futuro dos jovens.

No VII Congresso Internacional de Educação* ministrei uma conferência sob o título "O funcionamento da mente e a formação de pensadores no terceiro milênio". Na ocasião, comentei com os educadores que no mundo atual, apesar de terem se multiplicado as escolas e as informações, não aumentamos na mesma proporção a formação de pensadores. Estamos na era da informação e da informatização, mas as funções mais importantes da inteligência não estão sendo desenvolvidas.

Ao que tudo indica, as pessoas do século XXI serão menos criativas do que as do século XX. Há no ar um clima que denuncia que os seres do futuro serão repetidores de informações, e não pensadores. Serão pessoas com mais capacidade de dar respostas lógicas, porém menos capazes de dar respostas para a vida, ou seja, com menos capacidade de superar seus desafios, de contemplar o belo, de lidar com suas dores, enfrentar as contradições da existência e perceber os sentimentos mais ocultos nos outros. Infelizmente, terão dificuldade de proteger a sua emoção e estarão propensas a se expor a doenças psíquicas e psicossomáticas.

A culpa não está nos professores. Eles desenvolvem um trabalho estressante e, apesar de nem sempre terem salários dignos, ensinam

* Realizado no Anhembi, em São Paulo, em maio de 2000.

frequentemente como poetas da inteligência. A culpa está no sistema educacional que se arrasta por séculos, que se baseia em teorias que compreendem pouco tanto o funcionamento multifocal da mente humana como o processo de construção dos pensamentos.* Por isso, enfileira os alunos nas salas de aula e os transforma em espectadores passivos do conhecimento, e não em agentes modificadores da sua história pessoal e social.

O mestre de Nazaré queria produzir pessoas que se interiorizassem e fossem ricas e ativas nos bastidores da inteligência. Entretanto, vivemos numa sociedade que valoriza os aspectos exteriores dos seres humanos. A competição predatória, a paranoia da estética e a paranoia do consumismo têm ferido o mundo das ideias, dificultando o processo de interiorização e a busca de um sentido mais nobre para a vida.

Invertemos os valores: a embalagem vale mais que o conteúdo, a estética, mais que a realidade. O resultado disso? Infelizmente está nos consultórios de psiquiatria e de clínica médica. A depressão, os transtornos ansiosos e as doenças psicossomáticas ocuparão os primeiros lugares entre as doenças do século XXI. Por favor, não vamos atribuir a culpa por esses transtornos psíquicos à famosa serotonina contida no metabolismo cerebral. Precisamos ter visão multifocal e perceber que há importantes causas psíquicas e psicossociais na base deles.

Os jovens, assim como os adultos, não aprendem a viver a vida como um espetáculo grandioso. Não se alegram por pertencerem a uma espécie que possui o maior de todos os espetáculos naturais, o da construção de pensamentos. Como é possível um ser humano – tanto um intelectual quanto alguém desprovido de qualquer cultura acadêmica – conseguir em milésimos de segundo acessar a memória e, em meio a bilhões de opções, resgatar as informações que constituirão as cadeias de pensamentos? Você não fica pasmo com a mente humana? Eu fico assombrado com a construção da inteligência. É possível nos encantarmos ao percebermos complexidade até na inteligência de uma criança com deficiência mental ou autista.

Na minha experiência com crianças autistas cujo córtex cerebral está preservado constato que, quando estimulamos os fenômenos que

* Cury, Augusto J. *Inteligência multifocal*. São Paulo: Cultrix, 1998.

constroem os pensamentos, muitas desabrocham para a convivência social como flores que recusam a solidão e querem pertencer a um jardim. Quem não é capaz de se encantar com o espetáculo dos pensamentos nunca penetrou em áreas mais profundas do próprio ser.

Os pensamentos mais débeis que produzimos são, ainda que não o percebamos, construções complexas. Tão complexas que a psicologia ainda se considera uma "ciência infantil" ao procurar compreender os fenômenos ligados a elas.

Quem é incapaz de contemplar a vida também não consegue homenageá-la a cada manhã. Não consegue acordar e exclamar: "Que bom! Estou vivo. Posso viver o espetáculo da vida por mais um dia!" Quantas vezes olhamos para o Universo e declaramos que, embora sejamos tão pequenos, afundados em tantas dificuldades e tantos erros, somos seres únicos e exclusivos. Seres que pensam e têm consciência da própria existência. Cristo vivia a vida como um espetáculo. O tédio não fazia parte da sua história.

Contrapondo-se às sociedades modernas

O mestre de Nazaré tinha posições contrárias às das sociedades modernas. Ele provocava a inteligência das pessoas que o circundavam e as arremetia para dentro de si mesmas. Conduzia-as a viver a vida como um espetáculo de prazer e de inteligência. A sua presença animava o pensamento e estimulava o sentido da vida. Um dia, apontando para um deficiente físico, algumas pessoas, querendo saber o motivo daquela deficiência, perguntaram-lhe: *"Quem pecou, ele ou seus pais?"* (João 9:2).

Aquelas pessoas esperavam que Jesus dissesse que a deficiência se devia a um erro que aquele homem ou seus pais haviam cometido no passado. Tais pessoas estavam escravizadas pelos binômios certo/errado, erro/punição. Mas, para surpresa delas, ele disse uma frase de difícil interpretação: *"Nem ele nem seus pais pecaram, mas a deficiência é para que nele seja manifestada a glória de Deus"* (João 9:3).

Aparentemente eram palavras estranhas, mas por meio delas Jesus colocou as dores da existência em outra perspectiva. Todos nós abominamos os sofrimentos e as dificuldades da vida. Procuramos bani-los a qualquer custo de nossas histórias. Entretanto, o mestre da escola da vida queria dizer que o sofrimento deve ser trabalhado e superado no âmago do espírito e da alma. Tal superação produzirá algo tão rico dentro da pessoa deficiente que a sua limitação se tornará uma "glória para o Criador". De fato, as pessoas que superam as suas limitações físicas e emocionais (depressão, síndrome do pânico, etc.) ficam mais bonitas, exalam um perfume de sabedoria que anuncia que a vida vale a pena ser vivida, mesmo com suas turbulências.

Jesus queria expressar que era possível ter deficiências e dificuldades e, ainda assim, experimentar a vida como um espetáculo de prazer. Um espetáculo que somente pode ser vivido por aqueles que sabem caminhar dentro de si mesmos e se tornam agentes transformadores de sua história.

A lógica do mestre tem fundamento

Do ponto de vista psiquiátrico, o mestre estava coberto de razão, pois se transformamos as pessoas que sofrem em pobres miseráveis, em vítimas da vida, destruímos a sua capacidade de criar e de transcender as próprias dores. Transformar um paciente numa pobre vítima de sua depressão é um dos maiores riscos da psiquiatria. A pessoa que enfrenta com inteligência e crítica a sua depressão tem muito mais chance de superá-la. Aqueles que sentem medo da dor têm mais dificuldade em se curar e mais chance de ficar dependentes do seu terapeuta.

Nos dias atuais, as pessoas, principalmente os jovens, não sabem lidar com suas limitações, não sabem o que fazer com suas dores e frustrações. Muitos querem que o mundo gravite em torno deles mesmos. Têm grande dificuldade de enxergar algo além das próprias necessidades. Nesse ambiente, a alienação social, a busca do prazer imediato, a agressividade e a dificuldade de se colocar no lugar do outro se cultivam amplamente. Diante dessas características, a educação não os atinge e, portanto, não rompe a rigidez intelectual em que se encontram. Somente uma revolução na educação pode reverter esse quadro.

Os anos que os alunos passam sentados passivamente nas salas de aula no ensino fundamental são suficientes para causar um rombo no processo de formação de suas personalidades. Eles nunca mais conseguirão, sem um custo emocional alto, levantar a mão em público e expor suas dúvidas. O fato de os alunos não serem colocados como agentes ativos do processo educacional trava a criatividade e a liberdade de expressão dos pensamentos, e isso prossegue na universidade e mesmo durante o mestrado e o doutorado.

Uma das características fundamentais de Cristo era a capacidade de transformar os seus seguidores em pessoas ativas, dinâmicas, com habilidade para expressar seus sentimentos e pensamentos. Ele não queria um grupo de pessoas passivas, tímidas, com a personalidade anulada. A cada momento ele instigava a inteligência dos que o cercavam e procurava libertá-los do seu cárcere intelectual. Os textos das suas biografias são claros. Jesus ensinava perguntando, instigando a inteligência e procurando romper toda timidez e toda distância. Não gostava de se exaltar. Embora fosse reconhecido como o filho de Deus, cruzava a sua história com as dos mais próximos e os tomava como seus amados amigos.

Capítulo 2

O SEMEADOR DE VIDA E DE INTELIGÊNCIA

O semeador da Galileia superando métodos da educação moderna

Há duas maneiras de fazer uma fogueira: com as sementes ou com um punhado de lenha. Qual delas você escolheria? Fazer uma fogueira com sementes parece um absurdo, uma loucura. Todos, certamente, escolheríamos a lenha. Entretanto, o mestre de Nazaré pensava a longo prazo e por isso sempre escolhia as sementes. Ele as plantava, esperava que as árvores crescessem, dessem milhares de outras sementes e, aí sim, fornecessem a lenha para a fogueira.

Se escolhesse a lenha, acenderia a fogueira apenas uma vez. Mas, como preferia as sementes, a fogueira que acendia nunca mais se apagava. Um dia ele se comparou a um semeador que lança as sementes nos corações. Um semeador do amor, da paz, da segurança, da liberdade, do prazer de viver, da dependência recíproca.

Quem não consegue enxergar o poder contido em uma semente nunca mudará o mundo que o envolve, nunca influenciará o ambiente social e profissional que o cerca. Uma mudança de cultura só será legítima e consistente se ocorrer por intermédio das singelas e ocultas sementes plantadas na mente de homens e mulheres, não por intermédio da imposição de pensamentos.

Gostamos das labaredas instantâneas do fogo, das ideias-relâmpago de motivação, mas, às vezes, não temos paciência nem habilidade para semear. Um semeador nunca é um imediatista; presta mais atenção nas raízes do que nas folhagens. Vive a paciência como uma arte. Os pais, os educadores, os psicólogos, os profissionais de recursos humanos só conseguirão realizar um belo e digno trabalho se aprenderem a ser, mais do que provedores de regras e de informações, simples semeadores.

As pessoas que mais contribuíram com a ciência e com o desenvolvimento social foram aquelas que menos se preocuparam com os resultados imediatos. Uns preferem as labaredas dos aplausos e do sucesso instantâneo, outros preferem o trabalho anônimo e lento das sementes. E nós, o que preferimos? De nossa escolha dependerá a nossa colheita.

Cristo sabia que logo iria morrer, mas, mesmo assim, não era apressado, agia como um inteligente semeador. Não queria transformar seus discípulos em heróis nem exigia deles o que não podiam dar. Por isso, permitiu que o abandonassem no momento em que foi preso. As sementes que ele plantava dentro dos galileus incultos que o seguiam germinariam um dia. Tinha esperança de que elas criariam raízes no cerne do espírito e da mente deles e mudariam para sempre suas histórias.

Essas sementes, uma vez desenvolvidas, tornariam aqueles homens capazes de mudar a face do mundo. É incrível, mas isso de fato ocorreu. Eles incendiaram o mundo com os pensamentos e propósitos do carpinteiro da Galileia. Que sabedoria se escondia no cerne da inteligência de Cristo!

Nietzsche disse há um século uma famosa e ousadíssima frase: *"Deus está morto."** Ele expressava o pensamento dos intelectuais da época, que acreditavam que a ciência resolveria todas as misérias humanas e, por fim, destruiria a fé. Provavelmente esse intrépido filósofo achava que um dia a procura por Deus seria lembrada apenas como objeto de museus e livros de história.

Os filósofos ateus morreram e hoje são esquecidos ou pouco lembrados, mas aquele afetuoso e simples carpinteiro continua cada vez mais vivo dentro de cada um de nós. Nada conseguiu apagar a fogueira acesa pelo semeador da Galileia. Depois que Gutenberg inventou as técnicas modernas de imprensa, o livro que retrata Jesus Cristo – a Bíblia – se tornou invariavelmente o maior best-seller de todos os tempos. Diariamente, milhões de pessoas leem algo sobre Jesus Cristo.

O mestre de Nazaré parecia ter uma simplicidade frágil, mas a história demonstra que ele sempre triunfou sobre aqueles que quiseram sepultá-lo. Aliás, o maior favor que alguém pode fazer a uma semente é sepultá-la. Jesus foi uma fagulha que nasceu entre os animais, cresceu numa região desprezada, foi silenciado pela cruz, mas incendiou a história humana.

---

* Durant, Will. *História da filosofia.* Rio de Janeiro: Nova Fronteira, 1995.

O mestre deu um banho de inteligência na educação moderna, provocando uma revolução no pensamento humano jamais sonhada por uma teoria educacional ou psicológica.

Há uma chama que se perpetua dentro daqueles que aprenderam a amá-lo e a conhecê-lo. Nos primeiros séculos, muitos dos seus seguidores foram impiedosamente destruídos por causa dessa chama. Os romanos fizeram dos primeiros cristãos pasto para as feras e um espetáculo de dor nos espetáculos ocorridos no Coliseu e, principalmente, no *circu* máximo. Alguns foram queimados vivos; outros, mortos a fio de espada. Todavia, as lágrimas, a dor e o sangue desses homens não destruíram o ânimo dos amantes do semeador da Galileia; pelo contrário, eles se tornaram adubo para cultivar novas safras de sementes.

A liberdade gerada pela democracia política em contraste com o cárcere intelectual

Apesar de o mestre de Nazaré ter provocado uma revolução no pensamento humano e inaugurado uma nova forma de viver, as funções mais importantes da inteligência que ele expressou não têm sido incorporadas às sociedades modernas.

Vivemos na era da alta tecnologia, tudo é muito veloz e sofisticado. Parece que tudo o que Jesus ensinou e viveu é tão antigo que está fora de moda. Porém, seus pensamentos são atuais e suas aspirações continuam sendo, como veremos, chocantes.

Perdemos o contato com as coisas simples, perdemos o prazer de investir em sabedoria. Um dos maiores riscos do uso da alta tecnologia, principalmente dos computadores, é engessar a capacidade de pensar. Basta lembrarmos que aqueles que são viciados em calculadoras muitas vezes se esquecem de como fazer as operações matemáticas mais simples.

Tenho escrito sobre a tecnofobia – fobia de novas técnicas. O medo de usar novas técnicas pode refletir um sentimento de incapacidade de incorporar novos aprendizados. Todavia, apesar de apoiar o uso de novas técnicas e discorrer sobre a tecnofobia, constato que a "internetdependência" e a tecnodependência podem engessar a criatividade e a arte de pensar.

Os Estados Unidos são a sociedade mais rica do globo. Além disso, são o estandarte da democracia. Entretanto, a farmacodependência, a discriminação racial e a violência nas escolas são sinais de que a riqueza material e o acesso à alta tecnologia e à democracia política são insuficientes para melhorar a qualidade de vida psíquica e social do ser humano.

A tecnopedagogia – ou seja, a tecnologia educacional – não tem conseguido produzir pessoas que amem a tolerância, a solidariedade, que vençam a paranoia de empenhar-se para ser o número um, que sintam prazer na cooperação social e se preocupem com o bem-estar dos seus companheiros.

A democracia política produz a liberdade de expressão, mas não é por si mesma geradora da liberdade de pensamento. A liberdade de expressão sem a liberdade de pensamento provoca inúmeras distorções, e uma delas é a discriminação. Parece incrível que as pessoas não compreendam que dois seres humanos com os mesmos mecanismos de construção da inteligência não podem jamais ser discriminados pela fina camada de cor da pele, por diferenças culturais, de nacionalidade, sexo ou idade.

Jesus vivia numa época em que a discriminação fazia parte da rotina social. Os que tinham cidadania romana se consideravam acima dos simples mortais. De outro lado, por carregar uma cultura milenar, a cúpula judaica se considerava acima da plebe. Abaixo da plebe havia os publicanos ou coletores de impostos, que eram uma raça odiada pelo colaboracionismo com Roma; os leprosos, que eram banidos da sociedade; e as prostitutas, que eram apenas dignas de morte.

Contudo, apareceu um homem que colocou de pernas para o ar aquela sociedade tão bem definida. Sem pedir licença e sem se preocupar com as consequências do seu comportamento, entrou nela e revolucionou as relações humanas. Dialogava afavelmente com as prostitutas, jantava na casa de leprosos e era amigo dos publicanos. Para espanto dos fariseus, Jesus ainda teve a coragem de dizer que publicanos e meretrizes os precederiam no reino de Deus.

Cristo escandalizou os detentores da moral de sua época. O regime político sob o qual vivia era totalitário. Tibério, imperador romano, era o senhor do mundo. Porém, apesar de viver num regime antidemocrático, sem nenhuma liberdade de expressão, Jesus não pediu licença para falar. Por onde andava, trazia alegria, mas não poucas vezes também problemas, pois amava dizer o que pensava, era um pregador da liberdade. Porém, por se preocupar mais com os outros do que consigo mesmo, sua liberdade era exercida com responsabilidade.

Milhões de jovens frequentam classes escolares nas sociedades modernas. Eles vivem num ambiente democrático que lhes propicia liberdade de expressão. No entanto, apesar de serem livres externamente, estão aprisionados no território dos pensamentos. Por isso, são presas fáceis da discriminação, da violência social, da autoviolência, da paranoia da estética e das doenças psíquicas. Muitos desses jovens superdimensionam o valor de alguns artistas, políticos e intelectuais e gravitam em torno de suas ideias e de seus comportamentos, sem saber que, ao agirem assim, estão se diminuindo, reduzindo seu próprio valor.

Aprender a construir liberdade com consciência crítica, a proteger a emoção e a desenvolver a capacidade de ver o mundo também com os olhos dos outros são funções importantíssimas da inteligência que têm sido pouco desenvolvidas no mundo democrático.

Vivemos uma crise educacional sem precedentes. Estamos resolvendo nossos problemas externos, mas não os internos. Somos uma espécie única entre dezenas de milhões de espécies na natureza. Por pensarmos e termos consciência do fim da vida, colocamos grades nas janelas para nos defender, cintos de segurança para nos proteger, contratamos pedreiros para corrigir as goteiras do telhado, encanadores para solucionar o vazamento das torneiras. Mas não sabemos como construir a mais importante proteção – a proteção emocional. À mínima ofensa, contrariedade ou perda, detonamos o gatilho instintivo da agressividade.

A história de sangue e violação dos direitos humanos depõe contra a nossa espécie. Nas situações de conflito, usamos mais o instinto do que a arte de pensar. Nessas horas, a violência sempre foi uma ferramenta mais utilizada do que o diálogo.

Os homens podiam ser violentos com Cristo, mas ele era dócil com todos. Quando foram prendê-lo, ele se adiantou e perguntou quem procuravam. Não admitia a violência física nem emocional. Disse: "*Qualquer um que se encolerizar contra seu irmão terá de responder no tribunal*" (Mateus 5:22). Não admitia sequer a ira não expressa.

Os que andavam com ele tinham de aprender não apenas a viver em paz dentro de si mesmos, mas a se tornarem pacificadores. No sermão da montanha, bradou eloquentemente: *"Bem-aventurados os que promovem a paz, porque serão chamados filhos de Deus"* (Mateus 5:9).

Nas sociedades modernas, os bem-aventurados são aqueles que têm status social, dinheiro, cultura acadêmica. Mas para aquele mestre incomum os bem-aventurados são aqueles que irradiam a paz onde quer que estejam, que atuam como bombeiros da emoção, que são capazes de abrandar a ira, o ódio, a inveja, o ciúme e, sobretudo, estimular o diálogo entre as pessoas com as quais convivem. No pensamento de Cristo, se formos incapazes de realizar tal tarefa não seremos felizes nem privilegiados.

Hoje, as pessoas amam o individualismo e se preocupam pouco com o bem-estar dos outros. A troca de experiências de vida tornou-se mercadoria escassa. Falam cada vez mais do mundo exterior e cada vez menos de si mesmas. Infelizmente, as pessoas só conseguem falar do seu íntimo quando vão a um psiquiatra ou a um psicoterapeuta.

Lembro-me de uma paciente que no auge dos seus cinquenta anos contou-me que, quando adolescente, procurou sua mãe para conversar sobre um conflito que estava atravessando. A mãe, atarefada, disse que não tinha tempo naquele momento. O gesto da mãe mudou a história de vida da filha. Por não conseguir acolher e entender a angústia da jovem, com aquele gesto ela sepultou a comunicação entre as duas. A filha nunca mais a procurou para conversar sobre suas dores e dúvidas.

O mestre de Nazaré era o maior de todos os educadores. Era o mestre da comunicação. Não falava muito, mas criava uma atmosfera prazerosa e sem barreiras. Conseguia ouvir o que as palavras não diziam. Conseguia perscrutar os pensamentos ocultos. As pessoas se surpreendiam com a maneira como ele se adiantava e se referia aos pensamentos represados dentro delas. Se ficamos presos apenas às palavras, não temos sensibilidade, somos mecanicistas.

Jesus não cativava as pessoas apenas com seus milagres, mas muito mais com sua sensibilidade, sua maneira segura, afável e penetrante de ser. Não queria que as pessoas o seguissem atraídas por seus atos sobrenaturais, nem procurava simpatizantes que o aplaudissem, mas, como garimpeiro do coração, procurava quem o acompanhasse com liberdade e consciência. Buscava pessoas que compreendessem sua mensagem, que vivessem uma vida borbulhante dentro de si mesmas, para depois transformarem o mundo que as circundava.

Uma experiência educacional

Ultimamente, por conta das minhas pesquisas sobre a inteligência de Cristo, tenho feito conferências em diversos congressos educacionais sobre um tema ousado e incomum: "A inteligência do Mestre dos Mestres analisada pela psicologia e aplicada na educação."

Antes de ouvirem a minha abordagem, os educadores ficam intrigados com o tema proposto. Uma nuvem de pensamentos perturbadores circula nos bastidores de suas mentes. Afinal de contas, nunca ouviram ninguém falar sobre esse assunto. Ficam chocados e, ao mesmo tempo, curiosos para saber como será abordada a personalidade de Cristo e que tipo de aplicação poderá ser feita na psicologia e na educação. Alguns indagam: "Como é possível estudar um tema tão complexo e polêmico? O que um psiquiatra e pesquisador da psicologia tem a dizer a esse respeito? Será que ele fará um discurso religioso? Será que é possível extrair sabedoria de uma pessoa que só é abordada teologicamente?"

Ao iniciar essas palestras, tenho consciência de que os educadores presentes constituem um grupo heterogêneo, tanto do ponto de vista cultural quanto religioso e intelectual. Sei, também, que suas mentes estão saturadas de preconceitos. Como aprendi a ser ousado e fiel à minha consciência, não me importo com os conflitos iniciais. À medida que vou discursando sobre a inteligência de Cristo, vejo que os professores se encantam. Ficam relaxados e se acomodam cada vez mais em suas poltronas; o silêncio é total, a concentração, absoluta, e a participação deles se torna uma poesia do pensamento.

Ao término das palestras, muitos se levantam e aplaudem entusiasticamente, não a mim, mas ao personagem sobre quem discorri. Declaram a uma só voz que nunca haviam compreendido Cristo dessa forma. Não tinham a menor ideia de que ele fosse tão sábio e inteligente e que o que ele viveu poderia ser não apenas aplicado na psicologia e na educação, mas em suas próprias vidas. Nunca imaginaram que seria possível alguém discorrer sobre Jesus Cristo sem referir-se a uma religião, deixando uma abertura para que cada um siga o seu próprio caminho.

Não poucos relataram mais tarde que, ao compreender a humanidade elevada de Cristo, suas vidas passaram a ter um outro sentido e a arte de ensinar ganhou novo alento. Contudo, não me entusiasmo muito, pois levará um longo tempo para que a personalidade do Mestre dos Mestres seja estudada e aplicada no currículo escolar e para que alunos e professores discorram sobre ela sem temores. De qualquer forma, uma semente foi plantada e talvez, algum dia, germine.

As salas de aula se tornaram um ambiente estressante, e às vezes são como uma praça de guerra, um campo de batalha. Educar sempre foi uma arte prazerosa, mas atualmente passou a ser um canteiro de ansiedade.

Se Platão vivesse hoje, ele se assustaria com o comportamento dos jovens. Esse afável e inteligente filósofo afirmou que o aprendizado gerava um raro deleite. Todavia, o prazer de aprender, de incorporar o conhecimento, está cambaleante. É mais fácil dar tudo pronto aos alunos do que estimulá-los a pensar. Por isso, infelizmente, temos assistido a um fenômeno paradoxal na educação: "Aprendemos cada vez mais a conhecer o pequeníssimo átomo e o imenso espaço, mas não aprendemos a conhecer a nós mesmos, a ser caminhantes nas trajetórias do nosso próprio ser."

Alguns dos discípulos do mestre de Nazaré tinham um comportamento pior do que muitos alunos rebeldes da atualidade, mas ele os amava independentemente dos seus erros. O semeador da Galileia estava preocupado com o desafio de transformá-los. Ele era tão cativante que despertou a sede do saber naqueles jovens em cujas mentes não havia mais do que peixes, aventuras no mar, impostos e preocupação com a sobrevivência.

Algo aconteceu no cerne da alma e do espírito dos discípulos e de milhares de pessoas. A multidão, cativada, levantava de madrugada e saía à procura daquele homem extremamente fascinante. Por que se sentiam atraídos por Cristo? Porque viam nele algo além de um carpinteiro, algo mais do que um corpo surrado pela vida. Enxergavam nele aquilo que os olhos não conseguiam penetrar.

O mestre os colocou numa escola sem muros, ao ar livre. E, por estranho que pareça, nunca dizia onde estaria no dia seguinte, onde seria o próximo encontro, se na praia, no mar, no deserto, na montanha, no pórtico de Salomão ou no templo. O que indica que ele não pressionava as pessoas a segui-lo, mas desejava que elas o procurassem espontaneamente: *"Quem tem sede venha a mim e beba"* (João 7:37).

Os seus seguidores entraram numa academia de sábios, numa escola de vencedores. As primeiras lições dadas àqueles que almejavam ser vencedores eram: aprender a perder, reconhecer seus limites, não querer que o mundo gravite em torno de si, romper o egoísmo e amar o próximo como a si mesmo.

Almejava que eles se conhecessem intimamente e fossem transformados intrinsecamente. Os textos das biografias de Cristo são claros: ele ambicionava mudar a natureza humana, não melhorá-la ou reformá-la.

Capítulo 3

Manifestando sua inteligência antes de tomar o cálice

Os partidos políticos de Israel

Antes de discorrer sobre o cálice de Cristo, gostaria de comentar brevemente sobre a cúpula judaica que o condenou. Na sua última semana de vida, a inteligência do mestre foi intensamente testada pelos partidos políticos que compunham a cúpula judaica: os fariseus, os saduceus e os herodianos. Apesar de testado, o mestre de Nazaré silenciou todos os intelectuais de Israel.

Os fariseus pertenciam à mais influente das seitas do judaísmo no tempo de Cristo. Por serem judeus ortodoxos, o zelo pela lei mosaica os levava a uma observância estrita da lei e de suas tradições, embora externa e degenerada. Conheciam as Escrituras (João 5:39-40), jejuavam e oravam; entretanto, levavam uma vida superficial, pois se preocupavam mais com o exterior do que com o interior. Os fariseus eram os inimigos mais agressivos de Jesus. Davam ordens que eles mesmos não conseguiam cumprir e se consideravam justos aos seus próprios olhos (Mateus 23:1-36).

Os escribas pertenciam geralmente ao partido dos fariseus. Eram membros de uma profissão altamente respeitada em sua época. Reuniam à sua volta discípulos a quem instruíam sobre as possibilidades de interpretação da lei e das tradições, estudadas por eles de forma profissional. Também atuavam como advogados, sendo-lhes confiada a condição de juízes no sinédrio (Mateus 23:6-7).

Os saduceus, cujos membros provinham principalmente das classes mais abastadas e do sacerdócio, não acreditavam na ressurreição corporal e no juízo futuro (Mateus 22:23). Embora defendessem a lei escrita, criticavam as tradições orais observadas pelos fariseus. Constituíam o partido das famílias dos sumos-sacerdotes de Jerusalém, com interesses diretos no aparelho de culto do templo, e frequentemente colaboravam com os governantes romanos. Opunham-se a Cristo com a mesma veemência dos fariseus e foram por ele condenados com igual severidade, embora com menos frequência (Mateus 22:29).

Os herodianos constituíam um partido minoritário em Israel. Eram malvistos pelos demais partidos por conviverem com o Império Romano. O termo herodiano deriva de "Herodes". Herodes, o Grande, era um rei poderoso e criativo, mas, ao mesmo tempo, um carrasco sanguinário. Foi ele quem mandou matar as crianças menores de dois anos na tentativa de destruir o menino Jesus.

Um perturbador da ordem social

O mestre implodiu a maneira de pensar e de viver dos homens que compunham a cúpula de Israel, que era rígida, radical e moralista. Eles odiavam os coletores de impostos e apedrejavam as prostitutas. Não se misturavam com as pessoas simples e pouco se importavam com suas necessidades básicas.

Entretanto, surgiu no meio daquela sociedade um homem simples, mas que possuía uma eloquência incomum. Um homem de aparência comum, mas que encantava as multidões. Um homem que tinha a coragem de afirmar que era o próprio filho de Deus, filho único do autor da existência. Para espanto da cúpula judaica, como se não bastasse essa "heresia", ele ainda discursava sobre a linguagem do amor e era afável com os miseráveis de Israel. Esse homem subvertia a moral reinante naquela sociedade milenar. Chegava a perdoar erros, falhas, "pecados". Para os judeus, somente o Deus altíssimo poderia ter tal atributo.

Apareceu um homem que não tinha medo de ser morto e nenhum receio de dizer o que pensava, pois, além de chamar a fachada moralista dos fariseus de hipocrisia, teve a coragem de desafiar o governo de Roma. Mandou um recado destemido ao violento Herodes Antipas (filho de Herodes, o Grande), governador da Galileia, aquele que mandara cortar a cabeça de João Batista. Chamou-o de raposa e disse, com uma ousadia incomum, que não morreria na Galileia, mas que caminharia hoje, amanhã e depois, até chegar à Judeia, *"porque não convém que um profeta pereça fora de Jerusalém"* (Lucas 13:33). Herodes queria matá-lo, mas ele não o temia, apenas queria morrer em Jerusalém, não na Galileia.

Jesus perturbava de tal forma os intelectuais de Israel, que causava insônia em quase todos. Seus pensamentos e sua maneira de ser se confrontavam com os deles. Apenas Nicodemos, José de Arimateia e alguns outros fariseus foram seduzidos por Jesus. A grande massa da cúpula judaica que compunha o sinédrio odiava-o e queria matá-lo de qualquer maneira. Mas como matá-lo se o povo o amava e estava continuamente ao seu lado? Então começaram a testar a sua inteligência para ver se ele caía em contradição e se autodestruía com suas próprias palavras. Testaram sua capacidade de pensar, sua integridade, sua perspicácia, seu conhecimento sobre as Escrituras antigas, sua relação com a nação de Israel e com a política romana.

Não podemos nos esquecer de que a cultura de Israel sempre foi uma das mais brilhantes e que aquela sociedade dispunha de intelectuais altamente capazes. Portanto, para testá-lo, eles prepararam perguntas que se constituíram em verdadeiras armadilhas.

Dificilmente alguém conseguiria escapar dessas armadilhas. Para algumas perguntas simplesmente não havia respostas. Entretanto, aquele homem, mais uma vez, deixou-os confusos. Alguns até ficaram perplexos diante da sua inteligência e da sua sabedoria. Vejamos um exemplo.

Silenciando os fariseus e os herodianos

Jesus causou tanta indignação aos seus opositores que produziu alguns fenômenos políticos quase impensáveis. Homens de partidos radicalmente opostos se uniram para destruí-lo. Os fariseus mantinham grande rixa política com os herodianos. Entretanto, por considerarem o carpinteiro de Nazaré uma grande ameaça, se aliaram buscando estabelecer uma estratégia comum para matá-lo.

Aquele homem simples da Galileia foi considerado uma grande ameaça à nação de Israel, ameaça maior do que a que representava o poderoso Império Romano. A cúpula de Israel tinha medo de que ele contaminasse a nação com suas ideias. De fato, havia razão para temê-lo, pois suas ideias eram contagiantes. Sem pegar em qualquer tipo de arma, o mestre de Nazaré causou a maior revolução da história da humanidade.

Os fariseus e os herodianos engendraram um excelente estratagema para destruí-lo. Formularam uma pergunta cuja resposta, qualquer que fosse, o destruiria, pois o colocaria ou contra Roma ou contra a nação de Israel. Vieram até ele e começaram a bajulá-lo. Elogiaram sua inteligência e capacidade. Disseram: *"Mestre, sabemos que falas e ensinas corretamente e não consideras a aparência dos homens, antes ensinas o caminho de Deus com toda a verdade"* (Mateus 22:16). Após essa longa e falsa sessão de elogios, desferiram o golpe mortal. Propuseram uma questão praticamente insolúvel: *"Mestre, é lícito pagar imposto a César ou não?"* (Mateus 22:17).

Qualquer resposta de Jesus o comprometeria, colocando-o ou como traidor da nação de Israel ou em confronto direto com o Império Romano. Se defendesse a liberdade de Israel, respondendo que era ilícito pagar imposto a César, seus opositores o entregariam a Pilatos para que fosse executado, embora também considerassem injusto tal tributo. Se dissesse que era lícito pagar tributo a César, o jogariam contra o povo que o amava, pois o povo passava fome na época, e um dos motivos era o jugo de Roma. Não havia solução, a não ser que se intimidasse e se omitisse. Suas palavras certamente abririam a vala da sua sepultura.

Nas sociedades democráticas ninguém é condenado por expressar seus pensamentos e convicções. Porém, quando impera o autoritarismo, as palavras podem condenar alguém à morte.

Na Rússia de Stalin muitos foram condenados por algumas palavras ou gestos. Entrar em rota de colisão com Moscou era assinar a própria sentença de morte. Milhões de pessoas foram mortas injustamente por Stalin, que se mostrou um dos maiores carrascos da história. Mandou matar quase todos os seus companheiros de juventude. Havia uma verdadeira política de terror percorrendo as veias daquela sociedade. O autoritarismo esmaga a liberdade de expressão.

Na época de Cristo, a vida valia muito pouco. Havia escravos em toda parte. Roma era detentora das leis mais justas entre os povos antigos, o que explica a influência que essas leis exerceram no direito nas sociedades modernas. Entretanto, a eficácia da lei depende da interpretação humana. As leis, ainda que justas e democráticas, ao serem manipuladas por pessoas autoritárias, são distorcidas ou não são aplicadas.

Ninguém podia desafiar o regime de Roma. Tibério, o imperador romano na época, mandara matar muitas pessoas que se opunham a ele. Pilatos, o governador preposto da Judeia, também era um homem brutal. Questionar o império era assinar a sentença de morte.

Os fariseus sabiam disso, pois muitos judeus foram mortos em pequenos motins e revoltas. Devem ter então pensado: já que Roma é um inimigo cruel, por que não colocar Jesus contra o regime? Ou então: se não conseguirmos colocá-lo contra Roma, então certamente o colocaremos contra o povo.

A pergunta que lhe fizeram era ameaçadora. O impasse era grande. Qualquer um teria medo de respondê-la. Quando somos submetidos a um intenso foco de tensão, fechamos as janelas da inteligência. Temos reações instintivas imediatas, como taquicardia, aumento da pressão sanguínea e da frequência respiratória. Essas reações nos preparam para lutar ou fugir dos estímulos estressantes.

Assim, quando submetido a um estresse intenso, o corpo reage e a mente se retrai. Sob o risco de morte, travamos nossa capacidade de pensar. Se Cristo bloqueasse sua capacidade de pensar, estaria morto.

Ele sabia que logo iria morrer, mas não queria morrer naquela hora, nem de qualquer maneira. Queria morrer crucificado, o modo mais indigno e angustiante já inventado. Mas como poderia escapar da insolúvel pergunta que os herodianos e os fariseus lhe propuseram? Como poderia abrir a inteligência daqueles homens sedentos de sangue?

Uma resposta surpreendente

Cristo teria de responder de uma forma que não apenas saciasse os seus opositores, mas surpreendesse suas mentes. Era necessária uma resposta espetacular para estancar o ódio deles e fazê-los desistir daquele iminente assassinato.

O mestre possuía uma sabedoria incomum. O ambiente ameaçador não o perturbava. Nas situações mais tensas, em vez de travar a leitura da memória e agir por instinto, ele abria o leque do pensamento e conseguia dar respostas brilhantes e imediatas.

Quando todos pensavam que não havia outra alternativa, a não ser tomar o partido de Israel ou de Roma, ele os surpreendeu.

O mestre mandou pegar uma moeda de um dracma e olhou para a efígie nela cunhada. Ali estava inscrito: "Tibério César deus."* Após olhar a efígie, fitou aqueles homens e perguntou: *"De quem é esta efígie?"* Responderam: *"De César."* Então, para surpresa deles, Jesus afirmou: *"Dai a César o que é de César e a Deus o que é de Deus"* (Mateus 22:20-21).

Tibério, como imperador romano, queria ser o senhor do mundo. É comum o poder cegar a capacidade de pensar e fazer com que aqueles que o detêm olhem o mundo de cima para baixo, com ambições irracionais.

Na efígie, a imagem gravada no dracma, estavam cunhadas as intenções de Tibério, um simples mortal que queria ser deus. Cristo, que tinha poderes sobrenaturais e possuía o status de Deus para os seus íntimos, queria ser um homem, o filho do homem. Que paradoxo!

O mestre não se perturbou com a ambição de Tibério expressa na efígie, mas usou-a para torpedear os seus opositores. Sua resposta não se encaixava nas possibilidades esperadas pelos fariseus e herodianos. Ela os deixou perplexos. Ficaram paralisados, sem ação.

É difícil descrever as implicações da resposta de Cristo. Seus interlocutores esperavam um "sim" ou um "não", se era ou não lícito pagar o tributo, mas ele respondeu "o sim e o não". Sua resposta não negou o governo humano, tipificado pelo Império Romano, nem a sobrevivência dele por meio do pagamento de impostos. Mas também não negou a história de Israel e sua busca por Deus.

"Dai a César o que é de César" revela que Cristo admite que haja governos humanos, tipificados por César e financiados pelos impostos. *"Dai a Deus o que é de Deus"* revela que para ele há um outro governo, um governo misterioso, invisível e "atemporal", o "reino de Deus". Este é sustentado não por moedas, pelo dinheiro dos impostos, mas por aquilo que emana do cerne do ser humano: suas intenções, emoções, seus pensamentos e atitudes.

Nas sociedades modernas, os cidadãos financiam a administração pública com seus impostos e recebem em retorno benefícios sociais: educação, saúde, segurança, sistema judiciário, etc. Nos regimes autoritários, bem como em determinadas sociedades democráticas, esse

* Mien, Aleksandr. *Jesus, mestre de Nazaré*. São Paulo: Cidade Nova, 1999.

retorno é frequentemente insatisfatório. No caso de Roma, os impostos pagos pelas nações dominadas objetivavam sustentar a pesada máquina do império. Portanto, muitas nações financiavam as mordomias romanas à custa do suor e do sofrimento do seu povo.

Jesus disse aos seus inimigos que deveriam dar a César o que é de César, mas não disse quanto se deveria dar a Roma. E quando falava de César não estava se referindo apenas ao Império Romano, mas ao governo humano. Por meio dessa resposta curta mas ampla ele transferiu a responsabilidade de financiamento de um governo não para si, mas para os próprios homens.

Ao olharmos para as máculas da história, tais como a fome, as doenças, as guerras, é difícil não fazermos as seguintes perguntas: se há um Deus no Universo, por que Ele parece alienado das misérias humanas? Por que Ele não extirpa as dores e injustiças que solapam as sociedades?

Jesus não negava a importância dos governos humanos nem estava alheio às mazelas sociais. Contudo, para ele, esses governos estavam nos parênteses do tempo. Seu alvo principal era um governo fora desses parênteses, um governo eterno. Segundo o seu pensamento, o "eterno" triunfaria sobre o temporal.

Uma vez tendo triunfado, o Criador faria uma prestação de contas de cada ser humano, incluindo todos os governantes, e, assim, repararia toda violência e toda lágrima derramada.

Ao ler as biografias de Cristo, compreende-se que, ao contrário do governo humano que primeiramente cobra os impostos e depois os retorna em forma de benefícios sociais, o "reino de Deus" nada cobra inicialmente. Primeiramente, ele supre homens e mulheres com uma série de coisas: o espetáculo da vida, o ar para respirar, a terra para ser arada, a mente para pensar e um mundo belo para emocionar. Após dar gratuitamente todas essas coisas durante a curta existência humana, ele cobrará o retorno.

Era de se esperar que alguém que doou tanto cobrasse em contrapartida algo como a servidão completa dos seres criados. Mas, para nosso espanto, Cristo afirmou que a maior cobrança do Criador é o sentimento mais sublime – o amor. Para ele, o amor deveria permear a história de cada pessoa.

Esse mestre era perspicaz. Nenhuma exigência é tão grande e singela como a de amar. O amor cumpre toda justiça e substitui todo código de leis. Essa foi a história do seu discípulo tardio, Paulo. Este, que vivera embriagado de ira, reescreveu a própria história com as tintas desse amor. Por isso, foi açoitado, apedrejado, rejeitado, esbofeteado e até considerado como escória humana por amar aqueles que um dia odiou.

Um reino dentro do ser humano

Jesus era seguro e misterioso. Proclamava que seu Pai era o autor da existência, mas, em vez de desfrutar de privilégios e se assentar à mesa com Tibério e os senadores romanos, preferiu se mesclar com as pessoas que viviam à margem da sociedade.

Ao que tudo indica, com alguns milagres ele poderia fazer com que o mundo se prostrasse a seus pés, inclusive o imperador romano. Mas não queria o trono político. Almejava o trono dentro de cada pessoa.

Proclamava naquelas terras áridas algo jamais pensado pelos intelectuais e religiosos. Afirmava convictamente que Deus, embora eterno, invisível e onipotente, queria instalar o seu reino no espírito humano.

Não é estranho esse desejo? Embora haja tanto espaço no Universo para o Todo-Poderoso recostar a sua "cabeça", o carpinteiro de Nazaré procura sua morada no ser humano, mesmo sendo este saturado de defeitos. Por isso ensinou a orar pela vinda desse reino: *"Venha a nós o teu reino, seja feita a tua vontade"* (Mateus 6:10). Chegou até a bradar em voz bem alta: *"Buscai primeiro o reino de Deus e todas as outras coisas vos serão acrescentadas"* (Mateus 6:33).

Rompendo o cárcere intelectual das pessoas rígidas

Os fariseus e os herodianos foram derrotados com apenas uma frase. Eles queriam, com seu radicalismo, matar aquele dócil homem.

Toda pessoa radical é incapaz de fazer uma leitura multifocal da memória e extrair informações que lhe permitam pensar em outras possibilidades além daquelas às quais rigidamente se aferra. Jesus foi vítima do preconceito dos líderes de Israel, engessados em suas próprias mentes, que não conseguiam ver nele nada além de um agitador, um revolucionário, ou, então, um nazareno digno de desprezo.

A rigidez é o câncer da alma. Ela não apenas fere os outros, mas pode se tornar a mais drástica ferramenta autodestrutiva. Até pessoas interiormente belas são capazes de ferir-se muito se forem rígidas e estreitas na maneira de encarar seus transtornos psíquicos. Em psicoterapia uma das metas mais difíceis de serem alcançadas é romper a rigidez intelectual dos pacientes, principalmente se já passaram por tratamentos frustrantes, e conduzi-los a abrir as janelas de suas mentes e renovar as suas esperanças.

As pessoas que acham que seu problema não tem solução criam uma barreira intransponível dentro de si mesmas. Assim, até doenças tratáveis como a depressão, o transtorno obsessivo e a síndrome do pânico se tornam resistentes.

Não importa o tamanho do nosso problema, mas a maneira como o vemos e o enfrentamos. Precisamos abrir nossa inteligência e enxergar as pessoas, os conflitos sociais e as dificuldades da vida sem medo, de maneira aberta e multifocal.

A esperança e a capacidade de nos colocarmos como aprendizes diante da vida são os adubos fundamentais do sucesso. O mestre de Nazaré estava querendo produzir seres livres, sempre dispostos a aprender e saturados de esperança. Procurava desobstruir a mente daqueles que o circundavam, tanto dos seus seguidores como dos seus opositores. Estava sempre querendo hastear a bandeira da liberdade das pessoas e aproveitava todas as oportunidades para expandir a capacidade de julgamento e o leque de possibilidades do pensamento. Isso fazia dele um mestre inigualável.

Quando provocamos as pessoas rígidas, nós as tornamos ainda mais agressivas. Ele, ao contrário, instigava com brandura a inteligência delas e acalmava as águas de sua emoção.

Sabia que os seus opositores queriam matá-lo ao propor-lhe aquela pergunta, mas, como conseguia ouvir o que as palavras não diziam e compreender os bastidores da inteligência humana, deu uma resposta aberta e inesperada. Sua resposta foi tão intrigante, que desobstruiu a mente dos seus opositores, aplacando-lhes a ira.

Aqueles homens transitavam pelas avenidas dos binômios certo/

errado, moral/imoral, feio/bonito. Em seu mundo havia apenas duas alternativas: sim e não. Mas o mundo intelectual do mestre de Nazaré tinha inúmeras outras possibilidades.

Nas situações mais tensas, ele não se embaraçava nem se preocupava em ter reações imediatas. Pensava antes de reagir e não reagia antes de pensar. De fato, mergulhava dentro de si mesmo e abria as janelas da sua mente para encontrar as respostas mais lúcidas para uma determinada pergunta, uma dificuldade ou uma situação.

Desse mergulho interior emanavam seus pensamentos. Surpresos com sua sabedoria, os fariseus e os herodianos se retiraram de sua presença.

Infelizmente, não conseguimos agir com a sabedoria de Cristo. Grande parte dos nossos problemas surge porque reagimos antes de pensar. Nas situações mais tensas, reagimos com impulsividade, e não com inteligência. Sentimos a obrigação de dar respostas imediatas diante das dificuldades que enfrentamos. Travamos nossa capacidade de pensar pela necessidade paranoica de produzir respostas socialmente adequadas, pois temos medo de passar por tolos ou omissos se não respondermos imediatamente e de acordo com as expectativas alheias.

Precisamos aprender a proteger nossas emoções quando formos ofendidos, agredidos, pressionados, coagidos ou rejeitados. Caso contrário, a emoção sempre abortará a razão. A consequência imediata dessa falta de defesa emocional é reagirmos irracional e unifocalmente, e não multifocalmente.

Precisamos abrir o leque de nossas mentes e pensar em diversas alternativas diante dos desafios da vida. O mestre, antes de dar qualquer resposta, honrava sua capacidade de pensar e refletia com liberdade e consciência, para depois desferir suas brilhantes ideias. Somente alguém que é livre por dentro não é escravo das respostas.

Quem gravita em torno dos problemas e não aprende a fazer uma parada introspectiva para pensar antes de reagir faz das pequenas barreiras obstáculos intransponíveis, das pequenas dificuldades, problemas insolúveis, das pequenas decepções, um mar de sofrimento. Por não exercitar a arte de pensar, tendemos a transformar uma barata num dinossauro.

Precisamos aprender com o mestre da escola da vida a ser caminhantes nas trajetórias de nosso próprio ser e a não ter medo de pensar.

Capítulo 4

As atitudes incomuns de Cristo na última ceia: a missão

A última noite

Jesus estava para ser preso. Em algumas horas começaria o seu martírio. A última noite que passou com seus discípulos foi incomum. Uma noite diferente de todas as outras. A partir dela seria preso, julgado, torturado, crucificado e morto. O ambiente dessa noite poderia inspirar angústia e medo em qualquer um. Porém, o personagem principal daquele cenário estava tranquilo.

Quando estamos na iminência de sofrer um grande trauma, o tempo não passa, cada minuto é uma eternidade. Contudo, o mestre de Nazaré estava reunido com seus discípulos ao redor de uma mesa, fazendo a sua última refeição. O chão ruía aos seus pés, mas ele permanecia inabalável. Nesse clima, ele teve atitudes inesperadas.

Chocando os discípulos com o lavar dos pés

Naquela altura, os discípulos o valorizavam intensamente, considerando-o nada menos do que o próprio "filho de Deus". Entretanto, naquela noite, ele tomou algumas atitudes que chocaram todos eles. Nenhum ser humano esteve em uma posição tão alta quanto a dele. Todavia, paradoxalmente, ninguém se humilhou tanto como ele. Como comentei no primeiro livro desta coleção, Jesus, querendo dar profundas lições de vida nos últimos momentos antes de sua morte, teve a coragem de abaixar-se aos pés dos seus incultos discípulos e lavá-los silenciosamente.

O mestre de Nazaré, com essa intrigante atitude, vacinou seus discípulos contra o individualismo. Inaugurou uma nova forma de viver e de se relacionar. Introduziu no cerne deles a necessidade de ser tolerante, de buscar ajuda mútua, de aprender a se doar.

Os computadores agem por princípios lógicos. Podem até aplicar leis e estabelecer a justiça sem as falhas humanas. Entretanto, jamais desenvolverão a arte da tolerância, da solidariedade, da percepção da dor do outro. Essas funções ultrapassam os limites da lógica. Uma pessoa é mais madura quando é mais tolerante e menos rígida em seus julgamentos.

Naquela noite havia um forte clima de emoção, e os discípulos estavam confusos diante das atitudes do mestre. Sentiam-se tristes também, porque ele anunciara que iria ser preso, sofrer nas mãos dos principais judeus e ser morto. Seus discípulos não entendiam como alguém tão poderoso poderia sofrer da maneira descrita por ele. A morte do seu mestre parecia-lhes mera ficção.

Jesus lavou os pés de todos os seus discípulos, inclusive os de Judas. Sabia que Judas o trairia, mas ainda assim foi complacente com ele e não o expôs publicamente. Vocês conhecem, na história, alguém que tenha lavado os pés do seu próprio traidor? É surpreendente para nós, que não toleramos a mínima ofensa, que ele não apenas tenha suportado a traição de Judas, mas lavado as crostas de sujeira dos seus pés. Quando Jesus terminou de lavar os pés de todos, Judas saiu para o trair.

Esperando ansiosamente a última ceia

Era a última ceia, a chamada Santa Ceia. Jesus dissera aos seus discípulos: *"Tenho desejado ansiosamente comer convosco esta Páscoa antes de sofrer, pois eu vos digo que não a comerei até que ela se cumpra no reino de Deus"* (Lucas 22:15). Revelou assim que esperava há anos por aquela última ceia.

Por que aquele momento era tão importante? Poderia uma ceia representar tanto para ele a ponto de usar palavras incomuns em seu vocabulário, dizendo que "a esperava ansiosamente"? Nunca tinha dito que esperava algo com tanta emoção.

Para os discípulos, era mais um banquete à mesa, mas para o mestre de Nazaré aquela ceia era diferente de todas as outras. Ela representava a história dele, a sua grande missão.

A Páscoa era uma festa comemorada anualmente para lembrar a libertação do povo de Israel. Antes de deixar o Egito, fugindo da dominação em que seu povo vivia, cada família imolara um cordeiro e aspergira seu sangue sobre os umbrais das portas. A carne serviu para alimentar o povo e suprir suas forças para iniciar a jornada pelo deserto em busca da tão sonhada terra de Canaã, a terra prometida. Portanto, a Páscoa era uma festa alegre, radiante, um brinde à liberdade.

Mas os íntimos de Jesus não sabiam se choravam ou se alegravam. Por um lado, a mesa estava posta, o alimento saciaria a fome e provocaria prazer. Por outro, havia no ar uma insuportável tristeza, pois o mestre anunciara que iria partir.

Os discípulos não entenderam que Jesus queria se identificar com o cordeiro da Páscoa, para nutrir, alegrar e libertar não apenas o povo de Israel, mas toda a humanidade. No momento do batismo de Jesus, no início de sua vida pública, João Batista o anunciara com uma frase de grande impacto, incompreensível para seus ouvintes: "*Eis o cordeiro de Deus, que tira o pecado do mundo*" (João 1:29). Ele considerava o carpinteiro da Galileia como o redentor do mundo. Ninguém, antes ou depois de Jesus, assumiu tarefa tão estonteante.

O próprio Jesus, corroborando o pensamento de João Batista, posicionou-se como o "cordeiro de Deus" e planejou morrer no dia da Páscoa. Sabia que os homens que detinham o poder, mais cedo ou mais tarde, o matariam. Mas não queria morrer em qualquer dia nem em qualquer lugar. Por diversas vezes havia se livrado da morte. Livrou-se não porque a temesse, mas porque não havia chegado o momento e o lugar certos.

Esperava ardentemente por aquela Páscoa, porque ela representava o capítulo final de sua história, expressava o seu plano transcendental. Iria morrer pela liberdade da humanidade na data em que se comemorava a libertação de Israel do jugo do Egito. A humanidade ficaria livre das suas mazelas existenciais.

Os discípulos ainda não entendiam o que estava acontecendo. Não aceitavam a ideia de separar-se daquele que dera um novo sentido à vida deles, que lhes ensinara a recitar a poesia do amor.

Uma boa parte de seus seguidores era de simples pescadores galileus que, antes do encontro com Jesus, só pensavam em barcos e peixes. Todavia, ele passara e os chamara, provocando a maior avalanche no interior deles. Abriu-lhes os horizontes falando sobre os mistérios da existência, sobre os segredos da eternidade, ensinando-lhes a amar uns aos outros e a se doar uns pelos outros. A visão desses galileus ganhara nova dimensão. A vida passara a ter outro significado. Portanto, era insuportável a partida do mestre.

Um discurso surpreendente

Naquela noite incomum, Cristo não apenas lavou os pés dos seus discípulos e estimulou-os a desenvolver as funções mais altruístas da inteligência. Ele também os abalou com um diálogo surpreendente.

Todos estavam reclinados sobre a mesa, saboreando o cordeiro da Páscoa. Então, Jesus interrompeu a ceia, olhou para eles e proferiu seu mais intrigante discurso.

Um discurso breve, mas que perturbou profundamente seus discípulos. Um discurso capaz de deixar qualquer pensador da psicologia e da filosofia estarrecido ao analisá-lo. Os discípulos estavam comendo tranquilos quando, de repente, Jesus tomou o pão, o partiu e disse de maneira segura e espontânea: *"Tomai e comei; isto é o meu corpo."* E pegando o cálice e dando graças, ofereceu-lhes, dizendo: *"Bebei dele, todos; porque isto é meu sangue da aliança, que é derramado por muitos para o perdão dos pecados."*

Nunca na história alguém teve a coragem de falar sobre o próprio corpo e o próprio sangue dessa maneira, e muito menos de dar um significado à própria morte como ele deu. Vejamos.

O sangue da nova aliança

Quando alguém vai ser martirizado ou está sob grave risco de morte, um enorme temor invade o palco de sua emoção. O medo contrai o pensamento e esfacela a segurança. A voz se torna embargada e trêmula. Esses mecanismos inconscientes e instintivos aconteceram com Jesus na sua última ceia? Não! Ele sabia que enfrentaria o suplício da cruz. Tinha consciência de que morreria no dia seguinte de maneira lenta. Seu corpo se desidrataria e o sangue verteria dos seus punhos, mãos, cabeça e costas. Mas, em vez de ficar amedrontado com sua morte e procurar um lugar para se proteger, ele discorreu sobre seu martírio num jantar e, ainda por cima, deu-lhe um significado surpreendente.

Disse categoricamente que o vinho que estavam bebendo iria iniciar uma nova era, uma nova aliança. O seu martírio não seria apenas uma execução humana, mas tinha um papel eterno. Seria um sangue derramado em favor da humanidade.

Na sociedade, as pessoas que cometem crimes são levadas às barras dos tribunais e, a não ser que haja distorções em seus julgamentos, são passíveis de sofrer punições. Jesus proclamava um reino misterioso, o reino de Deus. Segundo o seu pensamento, assim como há uma justiça humana que exerce o direito social, há uma justiça divina que exerce o direito celestial no reino de Deus. Ele veio justificar o ser humano perante Deus, querendo perdoar cada um diante do tribunal divino.

Na cruz, seu objetivo foi levado às últimas consequências. Como pode o sangue de apenas um homem aliviar os erros e as injustiças da humanidade inteira? O sangue de Cristo estabeleceria uma aliança eterna.

Embora a temporalidade da vida seja breve, ela é suficientemente longa para se cometerem muitos erros. Temos atitudes individualistas, egocêntricas, simuladas, agressivas. Julgamos sem tolerância as pessoas que mais amamos. Rejeitamos aqueles que nos contrariam.

Muitas vezes prometemos a nós mesmos que iremos pensar antes de reagir, mas o tempo passa e frequentemente continuamos vítimas de nossa impulsividade. Temos enorme dificuldade de enxergar o mundo com os olhos dos outros. Queremos que, primeiramente, o mundo gravite em torno de nossas necessidades, para depois pensarmos nas necessidades daqueles que nos circundam. Somos rápidos para reclamar e lentos para agradecer. Produzimos um universo de pensamentos absurdos que conspiram contra a nossa própria qualidade de vida e, às vezes, não temos disposição nem habilidade para reciclá-los. Falhamos continuamente em nossa história.

Só não consegue admitir sua fragilidade quem é incapaz de olhar para dentro de si mesmo ou quem possui uma vida sem qualquer princípio ético. No palco da mente das pessoas mais moralistas, que vivem apontando o dedo para os outros, existe um mundo de ideias nada puritanas.

Podemos ser senhores do mundo em que estamos, mas não senhores do mundo que somos. Governamos máquinas, mas não governamos alguns fenômenos inconscientes que leem a memória e constroem as cadeias de pensamentos. Temos, todos, grandes dificuldades de administrar a energia emocional. Por isso, apesar de possuirmos uma inteligência tão sofisticada, somos frágeis e passíveis de tantos erros.

Somos uma espécie que claudica entre todos os tipos de acertos e erros. E de repente surge um galileu que não frequentou escolas e diz, para nossa surpresa, que veio para nos dar o inacreditável: a vida eterna. E, em vez de nos cobrar grandes atitudes para consegui-la, de determinar com severidade que não cometamos qualquer tipo de erro ou imoralidade, ele não exige nada de nós, apenas de si mesmo. Morre para que não morramos, sofre para que não soframos. Derrama o próprio sangue para nos justificar perante o autor da existência. Só não se perturba com as ideias de Cristo quem é incapaz de analisá-las.

Jesus é, sem dúvida, uma pessoa singular na história. Qualquer um que se der ao trabalho de pensar minimamente na dimensão dos seus gestos ficará assombrado. Milhões de cristãos contemplam semanalmente os símbolos do vinho e do pão, sem se dar conta de que aquilo que parece um simples ritual revela de fato as intenções de uma pessoa surpreendente.

O sangue é formado de hemácias, leucócitos, plaquetas e inúmeras substâncias. Todos temos esse líquido precioso que circula milhões de vezes ao longo da vida para nutrir as células e transportar todas as impurezas para serem metabolizadas no fígado e excretadas na urina. Todavia, quando o corpo morre, o sangue se deteriora, perdendo suas características e funções.

O mestre de Nazaré deu um significado ao seu sangue que ultrapassou os limites da sua materialidade. Sua vida e seu sangue seriam tomados como ferramenta de justiça e perdão. Seriam usados tanto para aliviar os sentimentos de culpa do ser humano como para aliviar todo o seu débito perante o Criador.

Segundo Cristo, o rigor da lei do reino vindouro teria ele mesmo como o mais excelente advogado de defesa.

Como pode alguém dizer que o sangue que pulsa nas suas artérias é capaz de estancar o sentimento de culpa contido no cerne da alma? Como pode o sangue de um homem transformar a nossa pesada e turbulenta existência em uma suave e serena trajetória de vida? Pessoas fazem psicoterapia por anos a fio para tentar aliviar o peso do seu passado e resolver seus sentimentos de culpa, nem sempre com grande sucesso. No entanto, agora vem Jesus de Nazaré e diz que poderia instantaneamente aliviar toda a mácula do passado, todos os erros e mazelas humanos.

Freud foi um judeu ateu, mas se tivesse investigado a história de Jesus ficaria intrigado e encantado com sua proposta. Se todos os pais da psicologia que compreenderam que a história registrada no "inconsciente da memória" tem um peso enorme sobre as reações do presente tivessem tomado pleno conhecimento da proposta do mestre de Nazaré, perceberiam que ela é arrebatadora.

O mais admirável é que Jesus não queria apenas aliviar o peso do passado sobre o presente. Queria também introduzir a eternidade dentro do ser humano e fazê-lo possuir uma vida irrigada com um prazer pleno e com as funções mais importantes da inteligência.

Já imaginou o que é possuirmos uma vida inextinguível, sem qualquer sentimento de culpa e, ainda por cima, saturada de prazer e imersa numa esfera onde reinam a arte de pensar, o amor mútuo, a solidariedade, a cooperação social? O mestre de Nazaré queria riscar as dores, o tédio, as lágrimas, a velhice e todas as misérias psíquicas, físicas e sociais de nossos dicionários. Nem a psicologia sonhou tanto. Nem os filósofos no ápice dos seus devaneios humanísticos imaginaram uma vida tão sublime para o ser humano. Temos de confessar que a pretensão de Jesus ultrapassa os limites de nossa previsibilidade.

O corpo retratando o acesso à natureza de Deus

O mestre também deu um significado incomum ao seu corpo: *"E, tomando o pão, tendo dado graças, o partiu e deu a seus discípulos, dizendo: 'Isto é o meu corpo oferecido por vós'"* (Mateus 26:26).

Não apenas usava o pão como símbolo do seu próprio corpo, mas o cordeiro imolado e morto que estava sendo servido naquela ceia tipificava o seu próprio ser. O "cordeiro de Deus" estava sendo oferecido como pão aos seus discípulos.

Se estivéssemos naquela ceia e não fôssemos íntimos de Cristo, fugiríamos escandalizados com suas palavras. Comer a carne de um homem? Saborear o seu corpo? Nunca ouvi falar de alguém que estimulasse os outros a comer o seu próprio corpo. Histórias de canibais nos dão calafrios, pois é angustiante imaginar alguém se banqueteando com nossos órgãos.

Entretanto, Cristo estava se referindo ao pão simbolicamente. O mestre não estava falando sobre seu corpo físico, mas sobre a sua natureza, o Espírito Santo dado aos discípulos após a sua ressurreição. Aqui novamente está inserido o conceito de eternidade.

Anteriormente, Jesus dissera, tanto aos que o seguiam quanto aos seus opositores, que quem não bebesse o seu sangue e não comesse a sua carne não teria a vida eterna (João 6:53). Por meio dessas palavras ele havia antecipado os acontecimentos que se desdobrariam na última ceia.

A ousadia de Cristo era tanta, que ele não apenas disse que transcenderia a morte, mas também que se tornaria um tipo de "pão", de alimento que saciaria a alma e o espírito humanos.

Nenhum homem na história, a não ser Cristo, reuniu seus amigos ao redor de uma mesa e discursou sobre os destinos do seu sangue e do seu corpo. Com a maior naturalidade, o mestre falou do sangue que verteria de suas costas, após os açoites; de sua cabeça, após a coroação com espinhos; e de seus punhos e pés, após a crucificação.

Com o decorrer do tempo, nos tornamos insensíveis diante das palavras de Jesus. Não percebemos seu impacto. Imagine se alguém nos convidasse para uma ceia e, de repente, nos fitasse nos olhos e nos estimulasse a beber o seu sangue e comer o seu corpo, ainda que simbolicamente. Que tipo de reação teríamos? Pavor, desespero, embaraço, vontade de fugir rapidamente desse cenário constrangedor.

Consideraríamos nosso anfitrião o mais louco dos homens. Ainda que os discípulos soubessem que Cristo era dócil, amável, coerente e inteligente, as suas palavras foram inesperadas, surpreendentes.

Eles não sabiam como reagir. Suas vozes ficaram embargadas. Suas emoções flutuavam entre o choro, a ansiedade e o desespero. Não ousavam perguntar nada a Jesus, pois sabiam que suas palavras anunciavam seu fim, expressavam a sua verdadeira missão. Ele deixara claro por diversas vezes que se seu sangue não fosse derramado e seu corpo não fosse crucificado, o ser humano não seria perdoado perante Deus e, portanto, não alcançaria a imortalidade. Nunca alguém articulou um projeto tão ambicioso. Nunca na história alguém usou, como Jesus Cristo, a sua própria morte para "curar" as misérias da humanidade e transportá-la para uma vida inesgotável.

Apesar de as palavras de Cristo na Santa Ceia transcenderem a lógica científica penetrando no território da fé, a ciência não pode furtar-se a analisá-las. Todos sabemos que os sofrimentos pelos quais passamos frequentemente aumentam nossa tristeza e destroem nossos sonhos. Entretanto, o mestre vivia princípios contrários aos esperados. Iria morrer dali a algumas horas, mas transformava a sua morte em um estandarte eterno. Quanto mais sofria e deparava com aparentes derrotas, mais pensava alto, mais sonhava altaneiramente. Onde deveriam imperar o medo e o retrocesso ele fazia florescer as metas e a motivação.

"Fazei isto em minha memória"

Jesus disse aos discípulos que eles deveriam repetir a cena da última ceia em memória dele. Somente uma pessoa que crê que a morte não extingue a consciência existencial faz um pedido desses. Se alguém crê que a morte leva a um estado de silêncio eterno, a um vácuo inconsciente, não se importará com o que aqueles que permanecerem vivos farão com suas palavras. Somente os que possuem esperança na continuidade da existência, ainda que não tenham consciência disso, desejam que sua memória seja preservada.

Se olharmos para a morte sem misticismos, perceberemos que suas implicações psicológicas são seriíssimas. A morte esmigalha o ser, destrói o cérebro, reduz a pó os segredos contidos na memória do córtex cerebral. A morte acaba com o espetáculo da vida.

Cristo morreria no dia seguinte, a sua memória seria esfacelada pela decomposição do seu cérebro. Entretanto, no discurso da última ceia, ele fala com uma incrível espontaneidade sobre a morte. Estava absolutamente certo de que venceria aquilo que os médicos jamais sonharam em vencer. Para ele, a morte não traria o nada existencial, a perda irrecuperável da consciência, mas abriria as janelas da eternidade.

O pedido inusitado de Jesus para que fossem repetidos, em sua memória, os símbolos daquela ceia é atendido por milhões de cristãos pertencentes a inúmeras religiões do mundo todo, e indica sua plena convicção de que não apenas sairia ileso do caos da morte, mas também cumpriria seu plano transcendental. A morte, a única vencedora de todas as guerras, seria vencida pelo carpinteiro de Nazaré.

O mestre participa de um banquete antes da sua morte

J. A. é um executivo brilhante. Tem excelente capacidade intelectual, é lúcido, coerente e eloquente. Todas as manhãs reúne seus gerentes, discute ideias, toma conhecimento da produtividade e do desempenho da sua empresa e lhes dá as diretrizes básicas. Promove uma reunião mensal aberta a todos os funcionários. Ele os ouve e discursa sem constrangimento, animando-os, elevando a autoestima deles e criando vínculos entre eles e a empresa.

J. A. é um homem acessível, carismático, inteligente e forte. Todavia, não sabe lidar com suas frustrações e seus fracassos. Aceita os problemas e os encara como desafios. Mas, quando não cumpre suas próprias metas ou quando ocorre uma falha na sua liderança, ele se torna um carrasco de si mesmo. Fica tranquilo diante das dores dos outros e lhes dá orientações precisas quando necessário, mas se perturba diante de suas próprias dores. À mínima tensão, começa a sentir diversos sintomas psicossomáticos como perda do apetite, fadiga excessiva, dor de cabeça, taquicardia, sudorese. A perda do apetite é sua marca psicossomática registrada quando ele é acometido de ansiedade.

O apetite é o instinto que preserva a vida. Quando é alterado, acende-se um sinal vermelho indicando que a qualidade do estado emocional está ruim a ponto de ameaçar a vida. Dificilmente uma pessoa não tem o seu apetite alterado nos momentos de tensão: aumenta-o (hiperfagia) ou o diminui (anorexia).

A anorexia é mais comum do que a hiperfagia. Existem vários graus de anorexia, incluindo a anorexia nervosa, que é uma doença psiquiátrica grave em que se dá a perda completa do apetite associada a uma crise depressiva e ao distúrbio da autoimagem. A autoimagem está tão distorcida, que o ato de comer se torna uma agressão ao corpo, ainda que a pessoa esteja magérrima. Ganhar alguns gramas significa ganhar um peso insuportável. Quando o psicoterapeuta não consegue romper o vínculo doentio que a pessoa mantém com sua autoimagem, não consegue resgatá-la para a vida.

Quero ressaltar aqui uma das características da personalidade de Cristo que se revela nos focos de tensão. Ninguém conseguiria manter seu apetite intacto sabendo que dali a algumas horas iria sofrer intensamente e, por fim, morrer. Nessa situação só haveria espaço para chorar e se desesperar. Todavia, o mestre participou de um banquete com seus discípulos na última ceia. É uma atitude totalmente inusitada. Comeu e bebeu fartamente com seus íntimos. Comeu o pão, o cordeiro pascal, e bebeu o vinho.

Seus inimigos iriam fazê-lo passar por longas sessões de tortura, mas naquele momento a impressão que se tinha é de que ele não possuía inimigos. De fato, para ele os inimigos não existiam. Só sabia fazer amigos. Por que não fazia inimigos? Porque não se deixava perturbar pelas provocações, não se deixava invadir pelas ofensas e pela agressividade que o rodeavam.

Frequentemente agimos de maneira diferente. Fazemos de nossas emoções uma verdadeira lata de lixo. Qualquer atitude agressiva nos invade e nos perturba por dias. Um simples olhar indiferente nos tira a tranquilidade. Cristo não se importava com sua imagem social. Era seguro e livre no território da emoção.

O mundo à sua volta podia conspirar contra ele, mas Cristo transitava pelas turbulências da vida como se nada estivesse acontecendo. Por isso alimentou-se fartamente na noite anterior à sua morte, não se deixando abater antes da hora.

Como pode alguém que está para ser cravado numa cruz não estar deprimido? Como pode alguém que vai passar por um espetáculo de vergonha e dor ter estrutura emocional para se relacionar de maneira agradável com seus íntimos em torno de uma mesa?

Uma estrutura emocional sólida

Se já é difícil compreendermos como Cristo preservou o instinto da fome horas antes do seu martírio, imagine se dissermos ao leitor que ele não apenas participou de um banquete, mas cantou antes de morrer. Pois foi isso o que aconteceu. O registro de Mateus diz: "*Tendo cantado um hino, saíram para o monte das Oliveiras*" (Mateus 26:30).

Que disposição alguém teria para cantar às portas do seu fim? O maior amante da música cerraria seus lábios, pois diante das dores nossa emoção nos aprisiona. Mas, diante das suas dores, Cristo se libertava.

A canção cantada por ele não tinha sido elaborada na hora, era uma letra conhecida pelos discípulos, pois todos a cantaram, o que é confirmado pelo evangelho (Mateus 26:30). Creio que a letra da música era alegre, e por isso, como de costume, provavelmente bateram palmas enquanto cantavam (Mateus 26:30).

A conclusão a que chegamos é que o mestre de Nazaré era um magnífico gerente da sua inteligência. Administrava com extrema habilidade seus pensamentos e emoções nos focos de tensão. Não sofria antecipadamente, embora tivesse todos os motivos para isso, ao pensar no drama que em algumas horas se iniciaria no jardim do Getsêmani.

Um amigo meu que ia se submeter a uma cirurgia para a extração de um tumor foi ficando cada vez mais ansioso à medida que se aproximava a data. Na véspera, estava tão angustiado e tenso que essa emoção se refletia em toda a sua face. Tinha o rosto contraído e preocupado. Nada o animava. Qualquer conversa o irritava. Sua mente estava ancorada no ato operatório.

Se um ato cirúrgico é capaz de causar tanta tensão, ainda que seja feito com anestesia e assepsia, imagine quantos motivos teria o carpinteiro de Nazaré para ficar abatido. Seu corpo seria sulcado com açoites e pregado num madeiro sem anestesia. Mesmo assim, sua emoção embriagava-se de uma serenidade arrebatadora. Além de não se deixar perturbar, ainda tinha fôlego para discursar com a maior ousadia sobre a sua missão e sobre o modo como seria eliminado da terra dos viventes.

A psicologia foi tímida e omissa em investigar os pensamentos e as entrelinhas do comportamento de Jesus de Nazaré. Permitam-me dizer com modéstia que este livro, apesar de suas imperfeições, vem resgatar uma dívida da ciência com o Mestre dos Mestres da escola da existência. Ao investigá-lo, é difícil não concluir que ele foi um exímio líder do seu mundo interior, mesmo quando o mundo exterior desabava sobre a sua cabeça. Não acredito que algum psiquiatra, psicólogo ou qualquer pensador da filosofia tenha chegado perto da maturidade do mestre de Nazaré, amplamente expressa na forma como gerenciava sua psique diante dos múltiplos cenários estressantes que o cercavam.

Muitas pessoas são infelizes, apesar de terem excelentes motivos para serem alegres. Outras, em vez de superarem as perdas que tiveram na vida, tornam-se reféns do passado, reféns do medo, da insegurança, da hipersensibilidade. Colocam-se como vítimas desprivilegiadas. Nunca conseguem construir um oásis nos desertos que atravessam.

Jesus construiu uma trajetória emocional inversa. Poderia ser um homem angustiado e ansioso, mas, ao contrário, era tranquilo e sereno. A riqueza de sua emoção era tal, que chegou ao impensável: teve a coragem de dizer que ele mesmo era uma fonte de prazer, de água viva, para matar a sede da alma (João 7:37-38). Isso explica um comportamento quase incompreensível que teve na véspera de sua morte: cantar e se alegrar com seus amigos. Em Cristo, a sabedoria e a poesia conviveram intensamente na mesma alma.

Capítulo 5

Um discurso final emocionante

O discurso final revela os segredos do coração

Depois de banquetear-se com os discípulos, de falar sobre seu sangue e seu corpo e de cantar, o mestre de Nazaré saiu do cenáculo. Iniciou então um longo e profundo diálogo com os seus discípulos.

Numa atmosfera incomum de emoção, revelou os segredos ocultos do seu coração. À mesa, falara brevemente sobre sua missão, mas um clima de dúvida reinava entre aqueles galileus. Agora, ao ar livre, ele se abria para eles como nunca.

Revelou seus pensamentos mais íntimos. Nunca, como agora, havia rasgado a sua alma e falado de maneira cristalina sobre o seu projeto transcendental. Nunca discorrera de maneira tão transparente sobre o seu objetivo de vida e mostrara uma tal preocupação com o destino dos seus íntimos e de todos aqueles que se agregariam a ele após a sua morte. Os discípulos ficaram impressionados com o seu discurso. Disseram-lhe: "*Agora é que nos falas claramente, sem parábolas*" (João 16:29).

Quem registrou tal discurso? João. Esse amável e íntimo discípulo estava velho, no fim da vida, quando resgatou essas passagens e as escreveu em seu evangelho. Mais de meio século se passara desde a morte de Jesus. Os demais discípulos já haviam morrido, muitos tinham sido perseguidos e martirizados, entre eles Pedro e Paulo. João não tinha mais seus amigos antigos. Foi nessa fase que escreveu a quarta biografia de Cristo, o quarto evangelho.

Milhares de novos discípulos de todas as nações e culturas haviam ingressado no "caminho". A maioria não tinha uma visão clara sobre a personalidade, os pensamentos, desejos e propósitos do mestre. João queria conduzi-los ao primeiro amor, transportá-los para as palavras vivas e originais de Jesus. Para isso deixou-nos o legado dos seus escritos.

João desejava colocar colírio nos olhos dos discípulos que não conviveram com Cristo. Em seu evangelho, ele faz uma profunda imersão nos momentos históricos que precederam a crucificação. Quase a metade do evangelho de João refere-se às últimas 48 horas de vida do mestre.

Muitos me dizem que escrevo sobre Cristo de uma maneira como nunca viram antes, embora o tenham estudado por décadas. Não possuo mérito algum. O crédito pertence ao personagem central deste livro, que indubitavelmente possui uma personalidade magnífica, mesmo se investigado pelos mais céticos. Tenho comentado que para interpretar a história é necessário manter um distanciamento dos preconceitos e julgamentos superficiais pertinentes à nossa própria história, arquivada em nossa memória. Precisamos nos transportar no tempo para contemplar atenta e embevecidamente as palavras, as imagens, os ambientes e participar de cada uma das cenas existentes. É necessário mergulhar na história viva expressa pelas letras mortas, respirar o ar que os personagens históricos respiraram, sentir a expressão dos seus rostos e perscrutar suas emoções manifestadas nos focos de tensão. Caso contrário, as letras impressas se tornarão um véu que bloqueará a interpretação, levando--nos a resgatar uma história morta, vazia e excessivamente distorcida.

João levou seus leitores a fazer uma belíssima interpretação da história. Em seus escritos transportou os amantes tardios do mestre, levando-os a participar das cenas mais importantes da história dele. Os capítulos 14 a 16 contêm diversas cenas e situações com intenso calor emocional. Neles está registrado o mais longo e completo discurso de Cristo.

João conta que naquela época os discípulos eram jovens, frágeis e não lapidados pela vida. Não admitiam o sofrimento nem a morte do seu mestre. O medo e a dor tinham invadido suas emoções. Então ele relembra a amabilidade do mestre que, precisando ser confortado uma vez que enfrentaria o caos, os confortava dizendo que, apesar de passarem por diversas aflições e problemas, não deveriam desanimar, mas tê-lo como espelho: *"Eu venci o mundo"* (João 16:33).

João imerge seus leitores na esfera de amor criada por Jesus. Revela que, embora os discípulos fossem intempestivos, egoístas e pouco solidários uns com os outros, o mestre cuidava deles afavelmente. Não sabiam amar alguém além de si mesmos ou dos seus íntimos, mas Jesus entrou em suas vidas e sorrateiramente lhes ensinou a linguagem do amor, valendo-se de palavras incomuns e gestos inusitados. Um amor que está além dos limites da sexualidade, dos interesses próprios e da expectativa de retorno, um amor que mata o germe do individualismo e corta as raízes da solidão. O mestre dizia incansavelmente àqueles jovens carentes emocionalmente: *"Amai-vos uns aos outros como eu vos amei"* (João 13:34).

João também comenta que o mestre disse palavras até então impensáveis sobre uma habitação eterna, uma morada que ultrapassava a materialidade: *"Na casa de meu pai há muitas moradas"* (João 14:2). Relata ainda: *"Porque eu vivo, vós também vivereis"* (João 14:19). Comenta o desejo ardente que Jesus tinha pela unidade dos que o amam, apesar de todas as suas diferenças.

João reproduz extensamente o discurso final de Cristo. Há muito o que comentar, mas esse não é o objetivo deste livro. Gostaria de me deter mais detalhadamente não no discurso que Cristo fez perante seus discípulos, mas no discurso contido na oração que ele fez para o Pai. No capítulo 17 do evangelho de João, Jesus revela que tem um Pai, um Pai diferente de todos os outros. Nesse texto ele trava um diálogo íntimo, apaixonante e misterioso com Deus. Vejamos.

O discurso final encerrado em uma oração

Jesus eleva os olhos ao céu e começa sua oração. O gesto de levantar os olhos para o céu indica que o mestre estava olhando para outra dimensão, uma dimensão fora dos limites do tempo e do espaço, uma dimensão além dos fenômenos físicos.

Seu discurso, antes de ir para o Getsêmani, é encerrado com essa oração. Ela é bela e encharcada de sentimento. Ele estava para cumprir sua missão fundamental. Estava para ser preso e impiedosamente morto. Fitava os seus discípulos e comovia-se por deixá-los, preocupando-se com o que aconteceria com eles após a sua morte. Nesse clima, ele dialoga com o Pai.

Quem está diante do fim da própria vida não tem mais nada para esconder. O que está represado dentro dele manifesta-se sem receios. Na proximidade do fim, Cristo expressou algo presente na raiz do seu ser. Seus desejos mais íntimos, seus planos mais submersos e suas emoções mais clandestinas fluíram sem restrições.

Após dizer aos seus amados discípulos que tivessem ânimo porque ele vencera o mundo, levanta os olhos para o céu e pronuncia: *"Pai, é chegada a hora; glorifica teu Filho, para que o Filho te glorifique; e que pelo poder que lhe deste sobre toda a carne, ele dê a vida eterna a todos os que lhe deste. E a vida eterna é esta: que te conheçam a ti, o único Deus verdadeiro, e a Jesus Cristo, a quem enviaste. Eu te glorifiquei na terra, concluí a obra que me encarregaste de realizar; e, agora, glorifica-me, ó Pai, junto de ti, com a glória que eu tinha junto de ti antes que houvesse mundo"* (João 17:1-5).

O conteúdo desse diálogo é intrigante. Jesus orou somente para seu Pai ouvir, ninguém mais. Entretanto, como estava cheio de emoção, não fez uma oração silenciosa, mas em voz alta, e por isso os discípulos a ouviram. As palavras que ele disse calaram fundo no jovem João. Ele jamais as esqueceu. Por isso, depois de tantas décadas, as registrou.

Revelando uma outra identidade

Nessa oração Jesus fez uma afirmação surpreendente. Disse que seu Pai era o Deus eterno. Mas ele não era o filho de Maria e de José? Não era apenas um carpinteiro de Nazaré? Nessa oração ele assume sem rodeios que não era apenas um homem completo, mas também o Deus filho, a segunda pessoa da misteriosa trindade. O mais intrigante dos homens, aquele que nunca buscou a fama e a ostentação, assume o seu status de Deus, e não apenas de um ser humano inteligente, especial, inusitado.

Estamos acostumados à expressão "filho de Deus", mas na época tal expressão era para os judeus uma grande heresia. Eles adoravam o Deus Todo-Poderoso, criador do céu e da Terra, que não tem princípio de dias nem fim de existência. Para eles, os seres humanos eram apenas criaturas de Deus. Jamais admitiriam que um homem pudesse ser filho do imortal, do Todo-Poderoso.

Dizer-se filho de Deus, para os judeus, era o mesmo que afirmar possuir a mesma natureza de Deus e, portanto, era se fazer igual a Deus. Uma blasfêmia inaceitável. Como pode um homem simples, que não reivindica poder e não busca a fama, ser o próprio filho do Deus altíssimo? Isso era inconcebível para os doutores da lei.

Uma vida além dos limites do tempo

No conteúdo da sua longa oração, o mestre de Nazaré revelou algumas coisas perturbadoras. Entre elas, disse que sua existência extrapolava sua idade temporal, sua idade biológica. Tinha pouco mais de 33 anos, mas afirmou: *"Glorifica-me, ó Pai, junto de ti, com a glória que eu tinha junto de ti antes que houvesse mundo"* (João 17:5).

A palavra grega usada no texto para mundo significa "cosmo". Cristo revelou que, antes que houvesse o cosmo, ele estava lá, junto com o Pai na eternidade passada. Há bilhões de galáxias no Universo, mas antes que houvesse o primeiro átomo e a primeira onda eletromagnética ele estava lá. Por isso, João disse que nada tinha sido feito sem ele. Aqui novamente ele afirmou sua natureza divina, postulando que, como Deus filho, sua vida extrapolava os limites do tempo. Disse que sua história ultrapassava os parâmetros do espaço e do tempo contidos na teoria de Einstein.

Proferindo palavras surpreendentes, ele se colocou até mesmo acima do pensamento filosófico que busca o princípio existencial. Que mistérios se escondiam nesse homem para que ele se colocasse acima dos limites da física? Como pode alguém afirmar que estava no princípio do princípio, no início antes do início, no estágio antes de qualquer princípio existencial? O que nenhum ser humano teria coragem de dizer sobre si mesmo, ele afirmou com a mais alta segurança.

Certa vez, os fariseus o inquiriram seriamente sobre sua origem. O mestre fitou-os e golpeou-os com a seguinte resposta: *"Antes de Abraão existir, eu sou"* (João 8:58). Assombrou-os a tal ponto com essa resposta que eles desejaram matá-lo. Não disse que antes de Abraão existir "eu já existia", mas "eu sou".

Ao responder "eu sou", não queria dizer apenas que era temporalmente mais velho do que Abraão, o pai dos judeus, mas usou uma expressão incomum para referir-se a si mesmo. A mensagem foi entendida pelos estudiosos da lei. Eles sabiam que nada podia ser tão ousado quanto usar a expressão "Eu sou". Por quê? Porque era uma expressão usada somente no Antigo Testamento pelo próprio Deus de Israel para descrever sua natureza eterna. Ao se definir, Deus disse a Moisés, no monte Sinai: *"Eu sou o que sou"* (Êxodo 3:14).

Aos olhos da cúpula judaica, se alguém dissesse que era mais velho do que Abraão, que morrera havia séculos, seria considerado um louco; mas se usasse a expressão "eu sou" seria visto como o mais insolente blasfemo. Ao dizer tais palavras, Cristo estava declarando que tinha as mesmas dimensões alcançadas pela conjugação dos tempos verbais do verbo ser: ele é, era, será.

Usamos o verbo existir quando nos referimos a nós mesmos, pois estamos confinados ao tempo e, portanto, somos finitos. Tudo no Universo está em contínuo processo de caos e reorganização. Nada é estático, tudo é destrutível. Até o Sol, daqui a alguns milhões de anos, não mais existirá e, consequentemente, não haverá mais a Terra. Entretanto, Cristo se coloca como autoexistente, eterno, ilimitado. Aquele que é a expressão da humildade em algumas oportunidades revela uma identidade acima dos limites de nossa imaginação.

O tempo é o "senhor" da dúvida. O amanhã não pertence aos mortais. Não sabemos o que nos acontecerá daqui a uma hora. Entretanto, Cristo foi tão ousado que afirmou estar além dos limites do tempo. Em qualquer tempo ele "é". O passado, o presente e o futuro não o limitam. As respostas do mestre são curtas, mas suas implicações deixam embaraçado qualquer pensador.

Em sua oração registrada no evangelho de João, Jesus disse: *"É chegada a hora"* (João 17:1). Já era noite quando orou. No dia seguinte, às nove horas da manhã, seria crucificado. A hora do seu martírio tinha chegado, o momento crucial pelo qual tanto esperara batia-lhe à porta. Então, ele roga ao Pai que seja glorificado com a glória que tinha antes que houvesse o mundo, o cosmo.

Que glória é essa? Jesus era um galileu castigado pela vida desde a infância. Passou fome, frio, sede, ficou noites sem dormir e não tinha tempo para cuidar de si mesmo. Se estivéssemos lá e olhássemos para ele, certamente não veríamos a beleza com que os pintores do passado o retrataram.

Não havia nele beleza nem glória exteriores. Mas ele comenta que possui uma glória anterior ao cosmo. Embora estivesse revestido pela humanidade, rogava ao seu Pai que lhe restituísse sua natureza ilimitada.

É difícil entender a que glória Jesus se referia. Talvez se referisse a uma transfiguração do seu ser, tal como a que ocorreu numa passagem misteriosa no "monte da transfiguração", onde ele transmutou o seu corpo (Mateus 17:2). Talvez estivesse se referindo ao resgate de uma estrutura essencial inabalável, uma natureza sem deterioração temporal, sem limitação física, sem as fragilidades humanas.

Todos os dias vemos os sofrimentos e as marcas da velhice estampadas nas pessoas. Ao nascermos, a natureza nos expulsa do aconchegante útero materno para a vida; choramos e todos se alegram. Ao morrermos, retornamos a um útero, o útero frio de um caixão; não choramos, mas os outros choram por nós.

Não há quem escape do primeiro e do último capítulo da existência. Entretanto, vem um homem chamado Jesus e nos diz que sua história ultrapassa os limites de toda a existência perceptível aos órgãos dos sentidos. Como pode um homem de carne e osso expressar, a poucas horas de sua morte, um desejo ardente de resgatar um estado essencial indestrutível, sem restrições, imperfeições, angústias, dores? Que segredos se escondiam por trás de suas palavras?

Possuindo autoridade para transferir a eternidade

Cristo orou ao Pai dizendo: "*E pelo poder que deste a teu filho sobre toda a carne, ele dê a vida eterna a todos os que lhe deste*" (João 17:2). O termo "carne" é usado pejorativamente, indicando que, apesar de sermos uma espécie que possui o espetáculo da inteligência, somos feitos de "carne e osso", que se deterioram nas raias do tempo.

Ele queria plantar a semente da eternidade dentro do ser humano. Por isso, dizia: "*Se o grão de trigo que cai na terra não morrer, permanecerá só, mas se morrer produzirá muito fruto*" (João 12:24). Queria que a vida ilimitada que possuía, mas que estava escondida pela "casca" da sua humanidade, fosse liberada por meio de sua morte e ressurreição.

Estamos alojados num corpo limitado, morremos um pouco a cada dia. Uma criança com um dia de vida já é suficientemente velha para morrer. Todavia, Cristo queria nos eternizar. Veio estancar o dilema do fim da existência e materializar o mais ardente desejo humano: o da continuação do espetáculo da vida. A história de Sócrates ilustra bem esse desejo.

Sócrates foi um dos mais inteligentes filósofos que pisaram nesta Terra. Foi um amante da arte da dúvida. Questionava o mundo que o circundava. Perguntava mais do que respondia, e por isso não poucas vezes deixava as mentes das pessoas mais confusas do que antes. A ele atribui-se a frase "Conhece-te a ti mesmo". Sócrates não escreveu nada sobre si mesmo, mas os filósofos ilustres que cresceram aos seus pés, entre os quais se destaca Platão, escreveram sobre ele.

Por causa do incômodo que as suas ideias causaram na sociedade grega, Sócrates foi condenado à morte. Alguns acreditam que ele teria sido poupado se tivesse restaurado a antiga crença politeísta, ou se tivesse conduzido o bando de seus discípulos para os templos sagrados e oferecido sacrifícios aos deuses de seus pais. Mas Sócrates considerava essa uma orientação perdida e suicida.* Ele acreditava num só Deus e tinha esperança de que a morte não iria destruí-lo por completo. Por se contrapor ao pensamento reinante em sua época, esse dócil filósofo foi condenado a tomar cicuta, um veneno mortal.

Se negasse as suas ideias, seria um homem livre. Mas não queria ser livre por fora e preso por dentro. Optou por ser fiel às suas ideias e morrer com dignidade. Seu destino foi o cálice da morte. O veneno, em minutos, o anestesiaria e produziria uma parada cardiorrespiratória. Seu cálice foi diferente do cálice de Cristo. Sócrates morreu sem dor. Cristo atravessaria as mais longas e impiedosas sessões de tortura física e psicológica.

Platão descreve os momentos finais de Sócrates numa das passagens mais belas da literatura. Quando o filósofo tomou o veneno, seus discípulos começaram a chorar. Ele silenciou-os dizendo-lhes que um homem deveria morrer em paz. Sócrates queria derramar um pouco de veneno em homenagem ao Deus em quem acreditava, mas o carrasco lhe disse que só havia preparado o suficiente para ele. Então Sócrates começou a rezar, dizendo que queria preparar sua vida para uma viagem em direção a outro mundo. Após esse momento de meditação, tomou rápida e decididamente o veneno.

Em poucos minutos o veneno o mataria. Primeiro, suas pernas começaram a paralisar-se. Aos poucos já não sentia mais seu corpo.

---

* Durant, Will. *História da filosofia*. Rio de Janeiro: Nova Fronteira, 1995.

Deitou-se então esperando que o veneno interrompesse seus batimentos cardíacos. Foi assim que a cicuta matou aquele afável homem das ideias. Porém, não maculou a fidelidade à sua consciência nem matou seu desejo de continuar a existência. Sócrates tanto almejava a transcendência da morte como acreditava nela. O mundo das ideias ajudou-o a amar a vida.

Dificilmente alguém produziu palavras tão serenas como as desse filósofo no limiar da morte. Entretanto, Cristo, no final de sua vida, foi muito mais longe. Produziu as reações mais sublimes diante das condições mais miseráveis que um ser humano pode enfrentar. Bradou: *"Eu sou o pão da vida, quem de mim comer viverá eternamente!"* (João 6:51).

Não há semelhante ousadia na história. Ninguém havia afirmado, até então, que tinha o poder de fazer do frágil e mortal ser humano um ser imortal. Ninguém afirmara que a própria morte abriria as janelas da eternidade. Sócrates tinha esperança de viajar para um outro mundo. Cristo, entretanto, colocou-se como o piloto e como o próprio veículo dessa intrigante viagem para tal mundo.

Jesus era um homem inacreditável. Não queria fundar uma corrente de pensamento ou de dogmas. Não! Ele almejava libertar o ser humano do parêntese do tempo e imergi-lo nas avenidas da eternidade.

Retornando como num relâmpago do céu para a Terra

Ninguém, mesmo no ápice do delírio, tem coragem e mesmo capacidade intelectual para pronunciar as palavras que Jesus proferiu nessa longa e complexa oração. O mais interessante é que, ao mesmo tempo em que olhou para o céu e anunciou uma vida infindável, ele se voltou para a Terra e mostrou uma preocupação extremamente afetuosa com a vida e a história dos seus discípulos.

Proclamou ao seu Pai: *"Quando estava com eles, guardava-os em teu nome... Não rogo apenas por estes, mas também por aqueles que vierem a crer em mim por intermédio da tua palavra, a fim de que todos sejam um"* (João 17:12; 20-21). Apesar de estar próximo da mais angustiante série de sofrimentos, Jesus ainda tinha ânimo para cuidar dos seus íntimos e discursar sobre o amor no seu mais belo sentido. Queria que um clima de cuidado mútuo e solidariedade envolvesse a relação entre seus amados discípulos.

Nunca lhes prometeu uma vida utópica, uma vida sem problemas e contrariedades. Pelo contrário, almejava que os percalços da existência pudessem lapidá-los. Sabia que o oásis é mais belo quando construído no deserto, e não nas florestas.

Suas palavras denunciavam que, para ele, Deus, embora invisível, era um ser presente, um ser que não estava acima das emoções humanas, mas que também sofria e se preocupava com cada ser humano em particular. Ao estudarmos a história das religiões percebemos que Deus é frequentemente mencionado como um ser intocável, acima da condição humana, mais preocupado em punir erros de conduta do que em manter uma relação estreita e afetiva com o ser humano. Mas no conceito de Cristo o seu Pai é um Deus acessível, afetuoso, atencioso e preocupado com as dificuldades que atravessamos e que, embora nem sempre remova os obstáculos da vida, nos propicia condições de superá-los.

O Filho e o Pai participavam juntos, passo a passo, de um plano para transformar o ser humano. Nessa oração, Jesus diz que enquanto estava no mundo cuidava dos seus discípulos, estimulava-os a se interiorizarem, a conhecerem os mistérios da existência e a se amarem mutuamente. Mas agora sua hora havia chegado e ele teria de partir. Na despedida, roga ao Pai que não os tire do mundo, mas que cuide deles nos inevitáveis invernos da existência. Conhecia as sinuosidades que os homens atravessariam, mas queria que eles aprendessem a transitar por elas com maturidade e segurança, ainda que nas curvas da existência pudessem derramar algumas lágrimas e tivessem momentos de hesitação.

O mestre nem sempre queria tirar do caminho as pedras que perturbavam as trajetórias de seus discípulos, mas desejava que elas se tornassem tijolos para desenvolver neles uma humanidade elevada.

Procurando gerar alegria num ambiente de tristeza

Os discípulos estavam na iminência de perder seu mestre. Este, além da dor imensa da partida, teria de enfrentar por toda a noite e na manhã seguinte o próprio martírio. O momento era de grande comoção. Todavia, num clima em que só havia espaço para chorar, Jesus mais uma vez toma uma atitude imprevisível. No meio da sua oração, ele discursa sobre o prazer. Roga ao Pai que todos os seus seguidores, em vez de serem pessoas tristes, angustiadas e deprimidas, tivessem um prazer pleno. Disse: "*...para que eles tenham em si minha plena alegria*" (João 17:13).

A personalidade de Cristo é difícil de ser investigada. Foge completamente à previsibilidade lógica e é capaz de deixar perplexo qualquer pesquisador da psicologia. Como pode alguém discorrer sobre alegria estando na iminência da morte? Como pode alguém ter disposição para discursar sobre o prazer se o mundo conspira contra ele para matá-lo? Ninguém que ama a vida e a arte de pensar pode deixar de investigar a personalidade de Cristo, ainda que a rejeite completamente.

Nessa oração, ele ainda tem disposição para se preocupar com a qualidade do relacionamento entre os seus discípulos. Clama pela unidade deles. Comovido, suplica que seus amados galileus e todos aqueles que viessem a se agregar a seu projeto transcendental fossem aperfeiçoados na unidade.

Como grande mestre da escola da vida, sabe que a unidade é a única base segura para o aperfeiçoamento e a transformação da personalidade. Daria a sua vida aos discípulos e ambicionava que eles superassem as disputas predatórias, os ciúmes, as contendas, as injúrias, o individualismo, o egocentrismo. Queria que essas características doentias da personalidade fossem restos de uma vida passada superficial e sem raízes.

Almejava que uma nova vida fosse alicerçada nos pilares do amor, da tolerância, da humildade, da paciência, da singeleza, do afeto não fingido, da preocupação mútua. É provável que nesse discurso final ele tenha chorado pela unidade, ainda que com lágrimas ocultas, imperceptíveis aos olhos daqueles que não conseguem perscrutar os sentimentos represados no território da emoção.

Termina sua oração dizendo: "*...a fim de que o amor com que me amaste esteja neles e eu neles esteja*" (João 17:26). A análise psicológica dessas breves palavras tem grandes implicações que se contrapõem a conceitos triviais.

Quando pensamos sobre o que Deus requer do ser humano, temos em mente um código de ética, a observância de leis e regras de comportamento que estabeleçam os limites entre o bem e o mal. Entretanto, no final do seu diálogo com o Pai, Jesus rompe nossos paradigmas e proclama com eloquência que simplesmente quer que aprendamos a transitar pelas doces, ricas e ilógicas avenidas do amor.

O sofrimento do povo de Israel era grande. A escassez de alimentos era enorme e a violência que Roma infligia a todos os que se contrapunham à sua dominação, muito forte. Nesse ambiente árido ninguém falava de amor e dos sentimentos mais nobres da existência. Os poetas estavam mortos. Os salmistas, enterrados. Não havia cânticos alegres naquele meio. Mas veio um homem dizendo-se filho do Deus eterno. Seu discurso foi incomum. Ele encerra sua curta vida terrena discorrendo não sobre regras, leis e sistemas de punição, mas simplesmente sobre o amor.

Somente o amor é capaz de fazer cumprir espontânea e prazerosamente todos os preceitos. Somente ele dá sentido à vida e faz com que ela, mesmo com todos os seus percalços, seja uma aventura tão bela que rompe a rotina e renova as forças a cada manhã. O amor transforma miseráveis em homens felizes; a ausência do amor transforma ricos em miseráveis.

Capítulo 6

Vivendo a arte da autenticidade

O ambiente do jardim do Getsêmani

O alimento e a bebida ingeridos por Cristo na última ceia foram importantes para sustentá-lo. Seus perseguidores não lhe dariam pão nem água durante o seu tormento. Ele sabia o que o esperava, por isso nutriu-se calmamente para suportar o desfecho de sua história.

Após sua oração sacerdotal, Jesus foi sem medo ao encontro de seus opositores. Entregou-se espontaneamente. Procurou um lugar tranquilo, sem o assédio da multidão, pois não desejava qualquer tipo de tumulto ou violência. Não queria que nenhum dos seus corresse perigo. Preocupou-se até mesmo com a segurança dos homens encarregados de prendê-lo, pois censurou o ato agressivo de Pedro contra um dos soldados.

O mestre era tão dócil que por onde passava florescia a paz, nunca a violência. Os homens podiam ser agressivos com ele, mas ele não era agressivo com ninguém. Um odor de tranquilidade invadia os ambientes em que ele transitava. Será que nós somos capazes de criar em torno de nós um agradável clima de tranquilidade ou estimulamos a irritabilidade e a tensão? O amor que sentia pelo ser humano protegia Jesus do calor escaldante dos desertos da vida. Chegou ao absurdo de amar seus próprios inimigos. Como somos diferentes! Nosso amor é circunstancial e restrito, tão restrito que, às vezes, não sobra energia nem para amar a nós mesmos e experimentar um pouco de autoestima.

A ira do mestre no momento certo, pelo motivo certo e na medida certa

Na única vez em que Jesus se irou, estava no templo. Viu homens fazendo negócios na casa de seu "Pai", vendendo animais e cambiando moedas. O templo de oração tinha virado o templo do comércio. Aquela cena incomodou-o profundamente e por isso, embora estivesse no território de pessoas que o odiavam, derrubou a mesa dos cambistas e expulsou aqueles homens do templo. Disse: *"Não façais da casa de meu Pai casa de negócio"* (João 2:16).

Alguns judeus, irritados com sua atitude, perguntaram-lhe qual era o motivo de sua ira e com que autoridade ele fazia aquelas coisas. A ira nunca engessava o raciocínio de Jesus. Por isso, respondeu-lhes com serenidade e ousadia: *"Destruí este santuário e em três dias o reconstruirei"* (João 2:19). Eles nunca esperariam ouvir tal resposta. A pergunta era desafiadora, mas a resposta foi bombástica. Suas palavras soaram como uma afronta para aqueles homens. Por isso, imediatamente, replicaram: *"Em quarenta e seis anos foi edificado este santuário, e tu, em três dias, o levantarás?"* (João 2:20).

O templo de Jerusalém era uma das maiores obras de engenharia da civilização humana. O material de sua construção foi preparado durante muitos anos pelo rei Davi. Entretanto, somente seu filho, o rei Salomão, o edificou. Para isso, usou milhares de trabalhadores. Poucas obras demoraram tantos anos para serem concluídas.

O templo era o símbolo dos judeus, o lugar sagrado. Fazer qualquer menção ao templo era mexer nas raízes da sua história. Entretanto, surgiu um homem da Galileia, uma região desprezada pelos judeus, dizendo que aquele templo milenar não era um lugar apenas sagrado para ele, mas a sua própria casa, a casa de seu Pai. Tal homem toma posse daquele lugar como se fosse sua propriedade e expulsa aqueles que ali trocavam moedas e comercializavam animais. Ainda por cima, afirma com a maior intrepidez que em três dias o destruiria e reedificaria.

Cada vez que Jesus abria a boca os judeus ficavam estarrecidos, sem saber se o consideravam um louco ou o mais blasfemo dos homens. Jesus já fora ameaçado de morte várias vezes pelos judeus. Agora, sem demonstrar qualquer tipo de medo e sem dar muitas explicações, proferiu pensamentos que implodiram a maneira de pensar deles. Como poderia alguém tomar posse do templo sagrado dos judeus? Como é possível um homem destruir e reedificar em três dias uma das mais ousadas obras da engenharia humana?

Jesus, em breves palavras, revelava seu grande projeto. O templo físico, que demorara décadas para ser construído, seria transferido para o interior do ser humano. Por meio da sua morte, a humanidade seria redimida, abrindo caminho para que Deus pudesse habitar no espírito humano. Como pode o arquiteto de um Universo de bilhões de galáxias se fazer tão pequeno a ponto de habitar numa ínfima criatura humana? Esse era o objetivo central do mestre de Nazaré.

Paulo, o apóstolo tardio que fora um agressivo opositor, deu seguimento a esse pensamento tendo a coragem de declarar que as discriminações raciais seriam extirpadas, que as distâncias entre as pessoas seriam abolidas e que haveria uma unidade jamais pensada na história, ou seja, judeus e os demais povos (gentios) pertenceriam à mesma família, *"sois da família de Deus"* (Efésios 2:19). Eles estariam *"...sendo edificados para serem habitação de Deus no Espírito"* (Efésios 2:22).

O belíssimo sonho do apóstolo Paulo, que estava em sintonia com o plano de Jesus, ainda não foi cumprido, nem mesmo entre os cristãos. Somos uma espécie que ainda cultiva toda sorte de discriminações. Os seres humanos ainda não aprenderam a linguagem do amor. Nós nos apegamos mais às diferenças do que à solidariedade. Pela fina camada da cor da pele, por alguns acres de terra, por algum dinheiro no bolso, por alguns títulos na parede, nos dividimos de maneira tola e ilógica.

Ao dizer que em três dias destruiria o templo e o reedificaria, Jesus estava se referindo ao desfecho da sua história. Ele, como o templo de Deus, morreria e no terceiro dia ressuscitaria. Mais uma vez proclamou que transcenderia a morte e mais uma vez deixou seus opositores assombrados.

Embora o templo fosse o lugar sagrado do povo judeu, muitos tinham perdido a sensibilidade e o respeito por ele. Jesus enfrentou, ao longo da vida, muitos motivos para ficar irritado, mas exalava tranquilidade. Foi profundamente discriminado, mas acolheu a todos; suportou quando lhe cuspiram no rosto; caluniado, procurou a conciliação; esbofeteado, tratou com gentileza seus agressores; açoitado como o mais vil dos criminosos, retribuiu com mansidão.

Aquele que foi o estandarte da paz se ofendeu uma única vez: quando desrespeitaram a casa de seu Pai. Entretanto, não dirigiu sua ira contra os homens, mas contra suas práticas e suas atitudes. Por isso, logo se refez e não guardou mágoa ou rancor de ninguém. Ainda que estivesse sob a mais drástica frustração, foi capaz de se manter lúcido e coerente em seu único momento de ira.

Aristóteles era um filósofo humanista, mas não viveu tudo o que pregou. Havia escravos por toda a Grécia, mas ele não teve coragem de se levantar contra a desumanidade da escravidão. Calou-se quando devia gritar. Jesus não foi assim. Por diversas vezes, antes de ser crucificado, correu o risco de morrer por se colocar ao lado das pessoas discriminadas, por almejar libertá-las dentro e fora delas mesmas e, no episódio descrito aqui, por fazer uma faxina no templo do seu Pai. Nele se cumpriu o pensamento de Aristóteles: "O difícil é irar-se no momento certo, pelo motivo certo e na medida certa."

Precisamos aprender com o mestre de Nazaré a fazer uma "faxina" no templo de nosso interior. Virar a "mesa" dos pensamentos negativos. Extirpar o "comércio" do medo e da insegurança. Reciclar nossa rigidez e rever o superficialismo com que reagimos aos eventos da vida.

Quem não é capaz de causar uma revolução dentro de si mesmo nunca conseguirá mudar as rotas sinuosas de sua vida. A maior miséria não é aquela que habita os bolsos, mas a alma.

Traído pelo preço de um escravo

O Getsêmani era um jardim. Num jardim começou o intenso inverno existencial de Cristo. Não havia lugar melhor onde ele pudesse ser preso. Aquele que fora o mais excelente semeador da paz tinha de ser preso num jardim, e não na aridez do deserto. O jardineiro da sabedoria e da tolerância foi preso no jardim do Getsêmani.

Getsêmani significa azeite. O azeite é produzido quando as azeitonas são feridas, esfoladas e esmagadas. Lá, no Getsêmani, aquele homem dócil e gentil começaria a ser ferido e esmagado por seus inimigos. Seu drama seguiria noite adentro, avançaria pelo outro dia e terminaria com seu corpo em uma cruz.

Por onde ele andava, seus discípulos não o deixavam. Embora assaltados pela tristeza, acompanhavam seus últimos passos. Todos, à exceção de Judas, foram com Jesus àquele jardim. Judas estava ausente, preparava o processo de traição.

Por trinta moedas de prata ele o entregaria no momento certo, distante da multidão e de qualquer tumulto. Para surpresa de todos, Cristo facilitou a traição e, consequentemente, a própria prisão. Por um lado, sua morte seria provocada pela vontade dos homens, pois eles jamais aceitariam a sua revolução interior, e, por outro, era uma realização da vontade do Pai.

Judas andava com o seu mestre, mas não o conhecia. Ouvia as suas palavras, mas elas não penetravam nele, pois não sabia se colocar como aprendiz. Não há pessoas pouco inteligentes, mas pessoas que não sabem ser aprendizes. Judas não precisava sujar as mãos, pois era o desejo de Jesus morrer pela humanidade. Sem qualquer resistência, ele se entregaria na festa da Páscoa.

Judas cometeu uma das mais graves traições da história. Por quanto ele traiu seu mestre? Por trinta moedas de prata, que na época representavam apenas o preço de um escravo. Nunca alguém tão grande foi traído por tão pouco. O homem que abalou o mundo foi traído pelo preço de um escravo.

Três amigos em particular

Apesar de todos os seus discípulos terem ido com ele para o Getsêmani, Jesus chamou em particular Pedro, Tiago e João para revelar não o seu poder, mas a sua dor, o lado mais angustiante de sua humanidade. Não revelou a todos os discípulos a sua angústia, mas a três em particular. Os demais, bem como o mundo, conheceram a dor de Cristo pelo depoimento desses três amigos. Sua atitude indica que havia diferentes graus de intimidade com os discípulos.

O comportamento de Cristo descrito nos evangelhos evidencia que ele amava intensamente todos os seus discípulos. Declarava continuamente que os amava. Numa época em que os homens pegavam em armas para se defender, em que havia escravos por toda parte e as relações sociais eram pautadas pela frieza, apareceu um homem incomum cujos lábios não se cansavam de repetir: "*Amai-vos uns aos outros como eu vos amei*" (João 13:34). Muitos pais amam seus filhos e são por eles amados, mas não têm um canal adequado de veiculação desse amor. Não conseguem dialogar abertamente e ser amigos uns dos outros. Quando um deles morre, as lágrimas que derramam demonstram que sentirão muito a falta do outro, porém, infelizmente, são incapazes de, em vida, declarar que se amam. Morrem sem nunca terem dito "Eu preciso de você", "Você é especial para mim".

Jesus, sem qualquer inibição, declarava seu amor pelas pessoas, mesmo que não tivesse grandes laços com elas. Se aprendêssemos a elogiar aqueles que nos rodeiam e a declarar nossos sentimentos por eles, como o poeta de Nazaré nos ensinou, tal atitude, por si só, já causaria uma pequena revolução em nossas relações sociais.

Por amar igualmente os seus discípulos, o mestre dava a todos a mesma oportunidade para que fossem íntimos dele. Mas nem todos se aproximavam da mesma maneira, nem todos ocupavam o mesmo espaço. Ao que tudo indica, Pedro, Tiago e João eram os três discípulos mais íntimos de Cristo. Aqui farei uma pequena síntese da personalidade deles. Quando estudarmos o perfil psicológico dos amigos de Cristo em outro livro desta coleção entraremos em mais detalhes sobre a personalidade de cada um.

Pedro errava muito, era rápido para reagir e lento para pensar. Era intempestivo e geralmente impunha suas ideias. Entretanto, aproveitava as oportunidades para estreitar sua amizade com Cristo, estava sempre próximo dele. Queria até mesmo protegê-lo, quando na realidade era Pedro quem precisava de proteção. Apesar dos transtornos frequentes que causava, Pedro amava o seu mestre e era o que tinha mais disposição para agradá-lo e servi-lo. Jesus o conhecia profundamente, sabia das suas intenções e por isso, em vez de se irar com ele, o corrigia pacientemente e usava cada um dos seus erros para dar preciosas lições a todos os demais. Aliás, paciência era a marca registrada do mestre. Não importava quantas vezes seus discípulos erravam; Jesus nunca perdia a esperança neles.

Pedro brilhou na sua história porque aprendeu muito com os próprios erros. Sua personalidade foi tão lapidada e sua inteligência tão desenvolvida, que chegou a escrever duas epístolas impregnadas de grande riqueza poética e existencial, o que é magnífico para alguém desprovido de qualquer cultura clássica.

João era considerado o discípulo amado. Talvez fosse o mais jovem e, sem dúvida, o mais afetuoso deles. Não há indícios de que Cristo o amasse mais do que aos demais discípulos, mas há indícios de que João demonstrava mais seu amor pelo mestre. Apesar de ser conhecido como o apóstolo do amor, João possuía um lado agressivo e radical. Ele e seu irmão Tiago eram chamados pelo mestre de "filhos do trovão", por conta da impetuosidade com que reagiam. Não se comenta muito sobre Tiago nas biografias de Cristo, mas, por ser irmão de João, onde João estava, Tiago deveria estar perto. Assim, ele conquistou maior intimidade com o mestre.

A conclusão a que chegamos é que os amigos mais próximos de Cristo não eram os mais perfeitos nem os mais eloquentes, mas os que mais aproveitavam as oportunidades para ouvi-lo, para penetrar em seus sentimentos e para expor as suas dúvidas. Hoje, muitos querem a perfeição absoluta, mas se esquecem das coisas mais simples que o mestre valorizava e que aumentavam a intimidade com ele: um relacionamento íntimo, aberto, espontâneo, ainda que marcado por erros e dificuldades.

Quem mais cometia erros: Judas ou Pedro, João ou Tiago? Judas talvez fosse o mais moralista e o mais bem-comportado dos discípulos (João 12:3-5). Entretanto, seu moralismo era superficial, pois ele estava mais preocupado com o próprio bolso e com interesses pessoais do que com os outros. Nos textos das biografias de Jesus há poucos relatos sobre o comportamento de Judas. Ele não aparece, como os três amigos íntimos de Jesus, competindo e errando. Todavia, ele escondia sua verdadeira face atrás do seu bom comportamento.

O que é melhor: manter um moralismo superficial e maquiar os comportamentos ou expor os pensamentos e sentimentos, ainda que imaturos e saturados de erros? Para o mestre, sábio não era aquele que não errava, mas o que reconhecia seus erros. Por isso, ele declarou a um fariseu que aquele que mais errou foi o que mais o amou.

Pedro, Tiago e João, apesar de errarem muito, conquistaram a tal ponto a intimidade do seu mestre, que ele lhes confiou o que estava represado no âmago do seu ser. Ao ouvi-lo, eles ficaram surpresos com a dimensão da sua dor.

Vivendo a arte da autenticidade e procurando amigos íntimos

Cristo, durante a sua vida, mostrou possuir um poder fora do comum. Suas palavras deixavam extasiadas as multidões e atônitos os seus opositores. Ao se pronunciar aos seus três discípulos no jardim do Getsêmani, revelou-lhes uma face que eles nunca pensaram ver, a face da sua fragilidade. Todos nós possuímos comportamentos contraditórios. Temos uma necessidade paranoica de que as pessoas conheçam os nossos sucessos e nos aplaudam, mas ocultamos nossas misérias, não gostamos de mostrar nossas fragilidades.

O mestre teve a coragem de confessar aos seus três amigos íntimos aquilo que ele guardava dentro de si. Disse com todas as letras: *"Minha alma está triste até à morte"* (Mateus 26:38). Como pode alguém tão forte, que curou leprosos, cegos e ressuscitou mortos, confessar que estava envolvido numa profunda angústia? Como pode alguém que não teve medo de ser vítima de apedrejamento dizer, agora, que sua alma estava profundamente triste, deprimida até à morte?

Os discípulos, acostumados à fama e ao poder do mestre, ficaram extremamente abalados com a sua dor e fragilidade. Nunca esperavam que ele dissesse tais palavras. Jesus era para eles mais do que um super-homem, alguém que tinha a natureza divina.

No conceito humano, Deus não sofre, não tem medo, não sente dor nem ansiedade e, muito menos, desespero. Deus está acima dos sentimentos que perturbam a humanidade. Contudo, apareceu na Galileia alguém que proclamou com todas as letras ser o próprio filho de Deus e afirmou que tanto ele como seu Pai têm emoções, ficam preocupados, amam cada ser humano em particular. O pensamento de Jesus revolucionou o pensamento dos judeus que adoravam um Deus inatingível.

Os discípulos também tiveram seus paradigmas religiosos rompidos. Não conseguiam entender que aquele que consideravam o filho de Deus estivesse revestido da natureza humana, que fosse um homem genuíno.

Os discípulos não tinham consciência de que o mestre seria condenado, ferido e crucificado, não como o filho de Deus, mas como o filho do homem. Todo o sofrimento que Cristo passou foi como homem, um homem como qualquer outro. Os açoites, os espinhos e os cravos da cruz penetraram num corpo físico humano. Ele sentiu as dores como qualquer ser humano sentiria se passasse pelos mesmos sofrimentos.

Durante anos aqueles jovens galileus contemplaram o maior espetáculo da Terra. Viveram com um amigo que os protegeu, consolou e cuidou. Andaram com uma pessoa dotada de poderes sobrenaturais. Um dia, uma viúva da cidade de Naim perdeu seu único filho.

Ela chorava inconsolada seguindo o cortejo fúnebre. Cristo viu suas lágrimas e ficou profundamente sensibilizado com a dor e a solidão daquela mãe. Então, sem que ela soubesse quem ele era, parou o cortejo, tocou o esquife em que jazia o morto e o ressuscitou.

As pessoas ficaram espantadas com o que ele fez, pois nunca tinham ouvido falar de alguém que tivesse tal poder. Quinze minutos em que o cérebro fica sem irrigação sanguínea são suficientes para provocar lesões irreversíveis, causando grandes prejuízos à inteligência. O filho daquela mulher já estava morto havia horas, entretanto Jesus o ressuscitou. Que poder tinha esse homem para realizar um feito tão extraordinário?

Os discípulos que registraram o milagre estavam delirando ou de fato Jesus o realizou? Mas isso entra na esfera da fé, o que não é objeto deste livro. Contudo, em outro livro desta coleção, defendi uma importante tese psicológica provando que a mente humana jamais conseguiria criar um personagem com as características da personalidade de Jesus, pois ela foge aos limites da previsibilidade lógica. Portanto, apesar de ser possível rejeitar tudo o que ele foi e propôs, se analisarmos sua personalidade nos convenceremos que, de fato, ele andou e respirou nesta Terra.

No Getsêmani, Jesus teve gestos inesperados. Como é possível que o portador de um poder jamais visto em toda a história da humanidade tenha a coragem de dizer que sua alma está profundamente triste? Como pode alguém que se colocou como Deus eterno e infinito precisar de amigos mortais e finitos para confessar sua dramática angústia? Que homem na história reuniu essas características diametralmente opostas em sua personalidade?

Os discípulos, fascinados com o poder de Cristo, jamais pensaram que ele sofreria ou precisaria de algo. Então, de repente, o mestre não apenas diz que está profundamente triste, mas que gostaria da companhia e da oração deles naquele momento. Jesus Cristo viveu na plenitude a arte da autenticidade. Os discípulos, pasmos, não entenderam nem suportaram sua sinceridade.

Jesus não escondia seus sentimentos mais íntimos, enquanto nós os represamos. Somos impiedosos e autopunitivos com nós mesmos. É como se não pudéssemos falhar, manifestar fragilidade, errar. Alguns nunca expõem seus sentimentos. Ninguém os conhece por dentro, nem mesmo o cônjuge, os filhos ou os amigos mais íntimos. São um poço de mistério, apesar de terem necessidade de dividir suas emoções.

O Mestre dos Mestres da escola da vida deixou-nos o modelo vivo de uma pessoa emocionalmente saudável. Ele se entristeceu ao máximo e não teve medo nem vergonha de confessar abertamente suas emoções aos seus amigos. Estes registraram em papiros essa característica de sua personalidade e a expuseram ao mundo.

Até hoje a maioria das pessoas não entende que tal procedimento é característico de uma pessoa cativante. Só os fortes conseguem admitir suas fragilidades. Aqueles que fazem questão de se mostrar fortes por fora são de fato frágeis, pois se escondem atrás de suas defesas, de seus gestos agressivos, de sua autossuficiência, de sua incapacidade de reconhecer erros e dificuldades.

O mestre era poderoso, mas sabia se fazer pequeno e acessível. Posicionava-se como imortal e parecia inabalável, mas, ao mesmo tempo, gostava de ter poucos amigos e de dividir com eles seus sentimentos mais ocultos. Muitos querem ser "deuses" ou se comportar como "anjos", mas Jesus amava os gestos mais simples.

Muitas pessoas, incluindo cristãos, não têm uma vida intelectual e emocional saudável. Sofrem intensamente, mas não admitem seus sofrimentos ou não conseguem ter amigos com quem possam dividir seus conflitos. Alguns gostariam de compartilhá-los, mas não encontram alguém que os ouça sem preconceitos e sem prejulgamentos. Outros podem cometer suicídio simplesmente por não terem um amigo com quem desabafar suas dores. As pessoas que não possuem amigos íntimos – capazes de gostar delas pelo que são e não pelo que têm – deixam de viver uma das mais ricas experiências existenciais.

Costumo reunir minha esposa e minhas três filhas para falar sobre nós. É enriquecedor deixar-se envolver pelo mundo das meninas e estimulá-las a expressar o que pensam e o que sentem. É prazeroso quando dividimos mutuamente nossos sentimentos e elas se sentem à vontade para apontar algum comportamento meu que gostariam que eu mudasse. Algumas vezes peço-lhes desculpas por alguma reação mais áspera, ou porque o excesso de trabalho não me permite dar-lhes a atenção que merecem.

Minha atitude, aparentemente frágil, é um poderoso instrumento educacional para que minhas filhas aprendam a se interiorizar, a pensar nas consequências de seus comportamentos e a enxergar o mundo através dos olhos dos outros. Embora haja muito o que caminhar, essas reuniões fazem com que nos queiramos cada vez mais e cultivemos uma amizade mútua.

Vivemos ilhados na sociedade. Infelizmente, muitos só têm coragem de falar de si mesmos quando estão diante de um terapeuta. Creio que menos de um por cento das pessoas tem vínculos profundos com seus amigos.

A maioria daqueles que chamamos de amigos mal conhece a sala de visitas de nossas vidas, muito menos nossas áreas mais íntimas. A grande maioria dos casais não constrói uma relação de companheirismo e amizade em seus casamentos. Marido e esposa, apesar de dormirem na mesma cama e respirarem o mesmo ar, são dois estranhos que pensam que se conhecem bem. Pais e filhos repetem a mesma história, constituindo com frequência grupos absolutamente estranhos.

Não sabemos penetrar nos sentimentos mais profundos dos outros. Sempre oriento psicólogos e educadores para que nunca deixem de conversar sobre as ideias mais áridas que permeiam as vidas das pessoas, mesmo aquelas ligadas ao suicídio. Aparentemente, não é fácil falar sobre esse assunto, mas dividir os sentimentos é importante e traz um grande alívio. Um diálogo aberto pode prevenir o suicídio e ajudar a traçar algumas estratégias terapêuticas.

Um dia, após proferir uma palestra sobre o funcionamento da mente e algumas doenças psíquicas, uma coordenadora educacional disse-me, com lágrimas nos olhos, que se tivesse ouvido a palestra anteriormente teria evitado o suicídio de uma aluna. A jovem queria conversar com ela, mas a coordenadora não se deu conta do seu grau de depressão e adiou o diálogo para o dia seguinte. Não houve tempo; a jovem se matou.

Precisamos aprender a penetrar no mundo das pessoas. A arte de ouvir deveria fazer parte de nossa rotina de vida. Todavia, pouco a desenvolvemos. Somos ótimos para julgar e apontar com o dedo a falha dos outros, mas péssimos para ouvi-los e acolhê-los. Para desenvolver a arte de ouvir é preciso ter sensibilidade, é preciso perceber aquilo que as palavras não dizem, é preciso escutar o silêncio.

O mestre de Nazaré sabia tanto ouvir como falar de si mesmo. Ao expor a sua dor, estava treinando seus discípulos a serem abertos e autênticos uns com os outros, a dividirem suas angústias, a aprenderem a arte de acolher as palavras alheias. Por amar aqueles jovens galileus, ele não se importou em usar a própria dor como instrumento pedagógico para conduzi-los a se interiorizar e construir uma vida saudável e sem representações.

Cristo não buscava heroísmos

Qualquer pessoa que quisesse fundar uma religião ou ser um herói esconderia os sentimentos que Cristo expressou no jardim do Getsêmani. Isso demonstra que, de fato, ele não queria fundar uma nova religião que competisse com as outras. Suas metas eram superiores. Como disse, ele desejava redimir o ser humano e introduzi-lo na eternidade. Não buscava heroísmo, mas simplesmente cumprir a missão para a qual estava designado, cumprir seu projeto transcendental.

O momento crucial desse projeto chegou: beber o seu cálice, atravessar seu martírio. Naquele escuro jardim, Jesus precisava se preparar para suportar essa tormenta. No processo de preparação, ele revela a sua dor e inicia seu diálogo com o Pai. Somente aí seus amigos começaram a perceber que sua morte estava mais próxima do que imaginavam.

Alguns, por analisarem superficialmente os pensamentos e as reações de Cristo na noite em que foi preso, veem ali fragilidade e recuo. Eu vejo a mais bela poesia da liberdade, resignação e autenticidade. Ele tinha liberdade de omitir seus sentimentos, mas não o fez. Nunca alguém tão grande foi de tal forma autêntico.

A partir de agora analisarei passo a passo todas as etapas dos sofrimentos vividas por Cristo até a sua morte clínica. No próximo capítulo estudaremos a dor causada por seus discípulos. No capítulo seguinte analisarei o estado de tristeza vivenciado por Cristo e o seu surpreendente pedido ao Pai para afastar o seu cálice.

CAPÍTULO 7

A DOR CAUSADA POR SEUS AMIGOS

Não foi confortado pelos amigos

O cálice de Cristo se constitui de dezenas de sofrimentos iniciados no jardim do Getsêmani e indo até o Gólgota, local da crucificação. Neste livro estudaremos as dores que vivenciou no Getsêmani, à exceção da negação de Pedro. Em outro livro desta coleção analisaremos todas as etapas do seu julgamento e de sua crucificação.

Qual foi o primeiro tipo de sofrimento que Cristo experimentou? Foi aquele causado por seus três amigos. A dor mais aguda tem como origem atos das pessoas que mais amamos. No ápice da sua dor, o mestre pediu o conforto e a companhia de Pedro, João e Tiago, mas eles não conseguiram atender ao seu pedido. Ele não apenas lhes disse *"A minha alma está triste até a morte"*, mas também acrescentou: *"Ficai aqui e vigiai comigo"* (Mateus 26:38).

Nunca esperaram que ele declarasse que estava triste, nem jamais pensaram que um dia o mestre, tão forte e inabalável, precisasse de companhia. Vamos ver o impacto que provocaram em seus discípulos a declaração e o pedido daquele que viveu a arte da autenticidade.

Ao ouvirem tais palavras e observarem o semblante angustiado do mestre, aqueles galileus ficaram profundamente estressados e, consequentemente, mergulharam num estado de sonolência.

O estresse intenso rouba do córtex cerebral uma energia que será usada nos órgãos da economia do corpo, como a musculatura. O resultado desse roubo de energia é um cansaço físico exagerado e inexplicável. Grande parte das pessoas ansiosas, deprimidas ou que exercem trabalho intelectual intenso apresenta essa sintomatologia. Por se estressarem muito ao pensar, estão sempre roubando energia do cérebro, o que as deixa continuamente fatigadas, sem saber o motivo. Não fizeram exercício físico, mas ficam sem energia. Quando a fadiga é intensa, gera-se uma sonolência como recurso de defesa cerebral, pois ao dormir repomos a energia biopsíquica.

Lucas, autor do terceiro evangelho, era um excelente médico. Sua característica fundamental era ser detalhista. De origem provavelmente grega, deve ter herdado a capacidade de observação do pai da medicina, Hipócrates. Talvez tenha sido um dos primeiros médicos que viu a correlação entre a mente e o corpo. Lucas disse: "*Eles dormiam de tristeza*" (Lucas 22:45).

Deduziu que o sono dos discípulos estava ligado a um estado de ansiedade e tristeza. Observou que aquele sono não era fisiológico, natural, mas decorrente do fato de não suportarem a dor do mestre, de não aceitarem a separação. Com essa constatação, Lucas inaugurou a medicina psicossomática, pois muitos séculos antes já sabia das manifestações da psique ansiosa no soma (organismo), já conhecia algumas consequências do estresse. O sono dos discípulos era uma grande defesa inconsciente. Uma defesa que procurava evitar assistir à agonia do mestre e, ao mesmo tempo, buscava repor a energia cerebral consumida excessivamente pelo processo de hiperaceleração de pensamentos e da tensão.

Pedro, Tiago e João eram homens fortes, acostumados a passar a noite no mar. Dificilmente algo os abalava. Todavia, Jesus cruzou suas histórias e os fez enxergar a vida por outra perspectiva. O mundo passou a ter uma nova dimensão. O mestre de Nazaré lhes havia ensinado a arte de amar e discursado amplamente sobre um reino onde não haveria mais morte, dor ou tristeza. Entretanto, quando ele disse que sua alma estava profundamente angustiada, uma avalanche de ideias negativas solapou a mente dos discípulos. Parecia que o sonho tinha acabado. Os olhos deles ficaram "pesados", mergulharam num sono incontido.

Após ter dito essas palavras, Jesus se afastou algumas dezenas de metros dos seus amigos e foi ficar só. Queria se interiorizar, orar e refletir sobre o drama por que passaria. Depois da primeira hora de oração, veio ver os seus, mas os achou dormindo. Apesar de frustrado, não foi intolerante com eles. Acordou-os afavelmente. É difícil entender tamanha gentileza diante de tanta frustração. Deveria ter ficado irritado com eles e censurado sua fragilidade, mas foi amável. Provavelmente nem queria despertá-los, mas precisava treiná-los para enfrentar as dificuldades da vida, queria fazê-los fortes para lidar com as dores da existência.

Muitos de nós somos intolerantes quando as pessoas nos frustram. Não admitimos seus erros, não aceitamos suas dificuldades, nem a lentidão em aprender determinadas lições. Esgotamos nossa paciência quando o comportamento dos outros não corresponde às nossas expectativas. O mestre era diferente, nunca desanimava diante dos seus amados discípulos, nunca perdia a esperança neles, ainda que o decepcionassem intensamente. Com o mestre da escola da vida aprendemos que a maturidade de uma pessoa não é medida pela cultura e eloquência que possui, mas pela esperança e paciência que transborda, pela capacidade de estimular as pessoas a usarem os seus erros como tijolos da sabedoria.

Ao despertá-los, Jesus indagou a Pedro: *"Nem por uma hora pudeste vigiar comigo?"* (Mateus 26:40). É como se ele quisesse transmitir ao seu ousado discípulo: "Você me disse, há algumas horas, que se fosse necessário até morreria por mim. Entretanto, só pedi para você ficar junto comigo na minha dor e você nem por uma hora conseguiu?" Essa observação poderia provocar em Pedro este pensamento: "Eu mais uma vez decepcionei o mestre, e ele mais uma vez foi gentil comigo. Eu merecia ser repreendido seriamente, mas ele apenas me levou a refletir sobre minhas limitações..." Depois disso, Cristo retornou à viagem que fazia ao seu próprio interior. Foi novamente orar.

O sono que acometeu os discípulos foi a primeira frustração de Cristo. Ele se dera muito a eles, sem nunca ter pedido nada para si. Na primeira vez que lhes pediu algo, dormiram. Não pediu muito, apenas que ficassem junto dele na sua dor. Portanto, no momento em que mais precisava de seus amigos, eles ficaram fora de cena. No único momento em que esperava que fossem fortes, eles foram vencidos pelo estresse.

Na segunda hora, Jesus foi novamente até seus discípulos e outra vez os encontrou dormindo. Mas dessa vez nada lhes disse, apenas os deixou continuarem em seu sono. Solitário, foi em busca do seu Pai. Na terceira hora, algo aconteceu. O momento de ser preso chegara.

Golpeado pela traição de Judas

A noite em que o prenderam foi a mais angustiante da vida do mestre. Foi a noite em que um dos seus amados discípulos o traiu. Era uma noite densa. Jesus estava orando continuamente e esperava o momento de ser preso. De repente, pressentindo que a hora havia chegado, acordou definitivamente os seus amigos e disse-lhes: *"É chegada a hora, eis que o traidor se aproxima"* (Mateus 26:46).

Se o leitor analisar atentamente essa frase, verá que ela carrega um sabor amargo nas entrelinhas. Não disse "Eis que uma escolta de soldados se aproxima", mas "Eis que o traidor se aproxima". Por que não apontou a escolta de soldados aos seus sonolentos discípulos, já que ela é que estava cumprindo as ordens do sinédrio? Porque, embora a escolta viesse com armas e o prendesse com violência, a dor que estava sentindo pela traição de Judas era maior do que a causada pela agressividade de centenas de soldados.

A dor provocada por Judas Iscariotes feria sua alma, e a dor provocada pelos soldados do sinédrio machucava o seu corpo. Ele só não mergulhou num mar de frustração porque protegia sua emoção e não esperava muito das pessoas para as quais se doava. Por isso, logo se refazia. Não é a quantidade de estímulos estressantes que nos faz sofrer, mas a qualidade deles. A dor da traição é indescritível.

O mestre sempre tratara Judas com amabilidade. Nunca o expôs publicamente. Nunca o desprezou nem o diminuiu diante dos demais discípulos, embora soubesse das suas intenções. Se estivéssemos no lugar de Jesus e soubéssemos que Judas nos trairia, nós o teríamos apontado e banido da comunidade dos discípulos. Ele jamais faria parte de nossa história de vida, pois quem consegue conviver com um traidor?

Cristo conseguiu. Sabia que havia um traidor no meio dos discípulos, mas o tratou com dignidade e nunca o excluiu. Sua atitude é impensável. Ele nem mesmo impediu a traição de Judas, apenas o levou a repensar sua atitude. Que estrutura emocional se escondia dentro desse mestre da Galileia para que ele suportasse o insuportável? Muitas ONGs (organizações não governamentais) lutam para extinguir os crimes contra a consciência e para preservar os direitos humanos, mas Jesus foi muito além. Não apenas acolheu leprosos, cuidou de prostitutas e respeitou os que pensavam contrariamente a ele, mas também chegou ao cúmulo de tratar com afeto seu próprio traidor.

Não poucas pessoas excluem de suas vidas determinados parentes, amigos e até filhos ao se sentirem agredidos por seus comportamentos. Não toleram as pessoas que as ofendem ou contrariam. Mas o mestre de Nazaré era diferente, ele foi de fato o mestre da tolerância e da solidariedade. Não se deixava dominar pelas contrariedades. Filtrava as ofensas e os atos agressivos que lhe dirigiam, e isso o tornava livre no território da emoção. Assim, ele podia amar as pessoas. E amá-las não era um sacrifício para ele, mas um exercício prazeroso.

Muitos não possuem um filtro emocional. Para esses, viver em sociedade é um problema, parece-lhes impossível evitar todas as contrariedades e os atritos interpessoais, estão sempre angustiados. Não conseguem amar os outros nem a si mesmos. Fazem de sua emoção uma lata de lixo.

É menos traumático viver com mil animais do que com um ser humano. Todavia, apesar de a convivência social ser uma fonte de estresse, não conseguimos viver ilhados, pois não suportamos a solidão. Nunca houve tanta separação de casais como atualmente. Entretanto, nem por isso as pessoas deixam de se unir, de se casar. Por ter um excelente filtro emocional, o mestre de Nazaré sentia prazer em conviver com as pessoas, ainda que o decepcionassem com frequência. Ele amava o ser humano independentemente dos seus erros e da sua história.

Alguns administradores públicos, ao tomar posse, costumam pedir por meio de palavras ou de comportamentos: "Esqueçam o que eu disse." Em algumas situações, é até possível que a governabilidade política não seja compatível com o discurso das ideias. Com o mestre não era assim. Se houve uma pessoa que proferiu um discurso em sintonia com a sua prática, essa pessoa foi Jesus Cristo. Ele discursou: "*Amai vossos inimigos*", e os amou até o fim. Por isso teve o desprendimento de chamar seu traidor de amigo no momento da traição.

O compromisso primordial de Jesus era com a sua consciência, não com o ambiente social. Não distorcia seu pensamento nem procurava dar respostas para agradar às pessoas que o circundavam. Por ser fiel a si mesmo, frequentemente se envolvia em embaraços e colocava sua vida em grave perigo. Considerava a fidelidade à sua consciência mais importante do que qualquer tipo de acordo escuso ou dissimulação de comportamento.

Aquele que foi fiel à sua consciência e que ensinou seus discípulos a andarem altaneiramente no mesmo caminho recebeu um golpe pelas costas. Judas não aprendeu a lição, foi infiel à sua consciência. A traição foi o segundo sofrimento pelo qual Cristo passou. O seu cálice não começou na cruz, mas no jardim do Getsêmani.

Todos o abandonam

Agora chegamos ao terceiro tipo de sofrimento vivido por Cristo. Após Judas tê-lo traído com um beijo, ele foi preso. Quando foi preso, todos os seus discípulos o abandonaram. Ele já previra esse episódio. Disse-lhes: *"Ferirei o pastor, e as ovelhas se dispersarão"* (Marcos 14:27).

Imagine as longas caminhadas que Jesus fez com seus discípulos. Quantas vezes subiram com ele ao monte das Oliveiras ou entraram em um barco à beira da praia para ouvi-lo ensinar às multidões com palavras eloquentes. Quantas vezes, impelidos pela fama de Jesus, os discípulos disputaram entre eles quem seria o maior na vinda do seu reino, pensando que se tratava de um reino terreno. Diante de tanta glória desfrutada pelo carpinteiro de Nazaré, somente uma reação era esperada dos seus seguidores: "Jamais te abandonaremos." Como afirmou Pedro com veemência: *"Mesmo que tiver de morrer contigo, não te negarei"* (Mateus 26:35).

É fácil apoiar alguém forte. É fácil dar crédito a alguém que está no ápice da fama. Mas a fama é uma das mais sedutoras armadilhas da modernidade. Muitos se deslumbram com o ribombar dos aplausos, mas com o passar do tempo acabam tendo a solidão como a sua mais íntima e amarga companheira. Precisam sempre ter alguém ao seu lado, pois não sabem conviver consigo mesmos.

Cristo sabia que um dia todos os discípulos o deixariam só. Não adiantava dizerem que jamais o abandonariam, pois ele sabia que no momento em que deixasse de usar o seu poder e fosse tratado como um criminoso, eles se afastariam. De fato, nesse derradeiro momento ninguém foi intrépido a ponto de ficar ao seu lado.

Todos aqueles jovens galileus que aparentemente eram tão fortes se mostraram fragilizados. Foram vencidos pelo medo. Entretanto, o mestre não desistia deles. Tinha planos para seus discípulos, por isso seu desafio e seu objetivo fundamentais não era puni-los quando erravam, mas conduzi-los a viajar para dentro de si mesmos e transformá-los interiormente.

Jesus não caminhava pelas avenidas do certo e do errado, pois compreendia que a existência humana era muito complexa para ser esquadrinhada por leis e regras comportamentais. Ele veio não apenas para cumprir a lei mosaica, mas para imergir o ser humano na lei flexível da vida. Disse aos homens de Israel: "*Ouvistes o que foi dito aos antigos: Não matarás... Eu porém vos digo que todo aquele que se irar contra o seu irmão estará sujeito a julgamento*" (Mateus 5:21-22). Também disse muitas coisas relativas à mudança interior, como: "*Não saiba a tua mão esquerda o que faz a tua direita*" (Mateus 6:3). Queria eliminar os disfarces sociais. Desejava que as atitudes tomadas em segredo fossem recompensadas por Deus, que vê o oculto, e não pelas criaturas.

Moisés veio com o objetivo de corrigir as rotas exteriores do comportamento, mas Cristo tinha vindo com o objetivo de corrigir o mapa do coração, o mundo dos pensamentos e das emoções. Tinha vindo para produzir uma profunda revolução na alma e no espírito humanos. Mesmo com a rejeição dos discípulos, essa revolução continuava ocorrendo dentro deles. O germe do amor e da sabedoria estava sendo cultivado naqueles galileus, ainda que suas atitudes não o demonstrassem e ninguém pudesse perceber.

Pedro nega Jesus

Agora chegamos ao quarto e último sofrimento causado pelos amigos de Cristo. Pedro, o mais destemido dos discípulos, o negou três vezes. Vejamos.

Pedro havia declarado que, se necessário, morreria com ele. No entanto, Jesus sabia que a estrutura emocional de seu discípulo, assim como a de qualquer um que está sob risco de morte, é flutuante, instável. Compreendia as limitações humanas.

Pedro tinha uma personalidade forte. Era o mais ousado dos discípulos. Todavia, a coragem de Pedro não se apoiava apenas na sua própria personalidade, mas também na força do seu mestre. Esse pescador viu e ouviu coisas inimagináveis, coisas que jamais sonharia presenciar. Pedro não era apenas um pescador, era um líder de pescadores. Fazia o que lhe vinha à cabeça. Era forte para amar e rápido para errar.

Jesus foi um grande acontecimento em sua vida. Pedro deixou tudo para segui-lo. Pagou um preço mais alto do que os demais discípulos, pois era casado e tinha responsabilidades domésticas. Mas não titubeou. Ao conhecer Jesus, reorientou a sua história, repensou seu individualismo e começou a recitar a intrigante poesia do amor que ouvia. Pedro, de fato, entregou a sua vida ao projeto do mestre.

O caráter de Pedro se distinguia dos demais. Ele expressava claramente seus pensamentos, ainda que causassem transtornos aos que o rodeavam. Ao ver o poder de Jesus, ao constatar que o medo não fazia parte do dicionário de sua vida, e que ele era capaz de expor suas ideias até no território dos seus inimigos, seu caráter, que já era forte, cresceu mais ainda. Quando Cristo acalmou a tempestade, Pedro talvez tenha pensado: *"Se até o vento e o mar lhe obedecem, quem pode deter esse homem? Ele é imbatível. Portanto, se for necessário, eu enfrentarei seus inimigos junto com ele e de peito aberto, pois certamente algum milagre ele fará para nos livrar da dor e da morte"* (Mateus 8:27).

Como disse, é fácil ser forte perto de uma pessoa forte, é fácil se doar para quem não está precisando, mas é difícil estar ao lado de uma pessoa frágil. No momento em que Cristo se despojou de sua força e se tornou simplesmente o filho do homem, o Pedro forte desapareceu. No momento em que Cristo manifestou sem rodeios a sua angústia, ninguém se ofereceu, nem mesmo Pedro, para estar ao seu lado.

Na última ceia, Cristo comentara que, enquanto ele estivesse presente, os discípulos estavam protegidos e, portanto, não precisavam de "bolsa e espada". Mas, após sua prisão, eles precisariam desses elementos. Cristo não se referia à bolsa e à espada físicas, pois era a própria bandeira da antiviolência.

Queria dizer que, após ser preso e morto, os discípulos deveriam cuidar mais de si mesmos, pois teriam de enfrentar as turbulências da vida, inclusive as perseguições que tempos depois sofreriam. Como ainda não conseguiam entender a linguagem do mestre, disseram-lhe: *"Senhor, temos aqui duas espadas"* (Lucas 22:38). Cristo mais uma vez tolerou a ignorância deles. Silenciou-os dizendo: *"É suficiente!"*

Quando Pedro viu o semblante triste, a respiração ofegante e o corpo suado de Jesus na noite em que foi preso, ficou profundamente abalado. Pela primeira vez sua confiança se evaporava. Talvez se perguntasse: "Será que tudo o que vivi foi uma miragem, um sonho que se transformou em pesadelo?" Pedro andara durante mais de mil dias com seu mestre e nunca vira qualquer sinal de fragilidade nele.

Ao contrário do que muitos pensam, não foi no pátio do sinédrio que Pedro começou a negar Jesus, mas no jardim escuro do Getsêmani. Entretanto, creio que se estivéssemos em seu lugar ficaríamos igualmente perturbados e provavelmente negaríamos o mestre se as mesmas condições fossem reproduzidas.

Ao ouvir as palavras de Jesus e ao ver seu semblante sofrido, Pedro estressou-se intensamente. Inicialmente dormiu e deixou-o só com sua dor. Entretanto, acordado pela prisão do mestre, resolveu resgatar sua dívida. Tenso e fatigado, escondendo-se, dirigiu-se ao pátio do sinédrio. Ao chegar lá, ficou estarrecido diante do espancamento que o mestre sofria. Nunca ninguém havia tocado nele com um dedo, mas agora os homens esmurravam o seu corpo, esbofeteavam a sua face e cuspiam em seu rosto. Que cena chocante Pedro observava! Aquele espetáculo cruel abalou as raízes do seu ser, perturbou sua capacidade de pensar e decidir. Interrogado por simples servos, ele insistentemente afirmou: *"Não conheço esse homem"* (Lucas 22:57).

Jesus sabia que seu amado discípulo estava lá assistindo ao seu martírio. Sabia que, enquanto estava sendo impiedosamente ferido por seus opositores, Pedro o estava negando. Na minha análise, tenho procurado compreender quais foram as feridas que o machucaram mais: a imposta pelos homens do sinédrio ou a produzida por seu amigo Pedro. Uma lhe causava hematomas no corpo, a outra lhe golpeava a emoção.

Creio que a atitude de Pedro, tendo vergonha do mestre e negando tudo o que vira e vivera com ele, abriu, naquele momento, uma vala mais profunda na alma de Jesus do que a causada pelos soldados. No entanto, Cristo amava intensamente Pedro e conhecia o cerne do seu ser.

O amor do mestre de Nazaré por seus discípulos é a mais bela e ilógica poesia existencial já vivida por um homem. Pedro podia excluir Jesus de sua história, mas Jesus jamais o abandonaria, pois o considerava insubstituível. Nunca alguém amou e se dedicou tanto a pessoas que o frustraram e lhe deram tão pouco em retorno.

Quatro objetivos ao prever os erros dos discípulos

Sempre que Cristo previa um acontecimento frustrante relacionado a seus discípulos, tinha pelo menos quatro grandes objetivos. Vejamos.

Primeiro, aliviar a própria dor. Prevendo antecipadamente a frustração, ele adquiria defesas emocionais para se proteger quando ela ocorresse. Ao ser abandonado pelos discípulos, ele não se surpreendeu. Amava os seres humanos e se doava por eles, mas não esperava muito deles. Nada preserva mais a emoção do que diminuir a expectativa que temos em relação às pessoas que nos circundam. Quando esperamos demais delas, temos grandes possibilidades de cair nas raias da decepção.

Ver todos os seus discípulos tendo vergonha e fugindo de medo como frágeis meninos era uma cena difícil de suportar. Contudo, pelo fato de ter previsto o comportamento deles, Cristo já havia se preparado para aceitar o abandono e a solidão. Como sabia que os discípulos o abandonariam? Independentemente da condição sobrenatural que lhe permitia prever fatos, Cristo era alguém que conseguia compreender as reações mais ocultas no cerne da inteligência. Por isso sabia que seus discípulos seriam subjugados pelo medo e não conseguiriam gerenciar os próprios pensamentos e emoções nos focos de tensão.

O segundo objetivo de Jesus era não desanimar seus discípulos, mas prepará-los para continuarem suas histórias. Ao prever que Pedro o negaria e que os discípulos o abandonariam, o mestre queria mostrar que não exigia nada deles. Teria o direito de exigir, pois lhes ensinara durante três anos e meio lições incomuns, mas não o fez. Por ser o Mestre dos Mestres da escola da vida, sabia que superar o medo, vencer a ansiedade e trabalhar as dores da existência eram as mais difíceis lições de vida.

O período em que conviveu com seus discípulos era insuficiente para que eles tivessem aprendido tais lições. Por isso o mestre tinha esperança de que a semente que havia plantado dentro deles germinasse e se desenvolvesse durante as suas trajetórias de vida.

Em terceiro lugar, Jesus queria mostrar aos seus amigos que eles não conheciam a si mesmos e que precisavam amadurecer. Pedro afirmara categoricamente que jamais o abandonaria, e todos os discípulos também fizeram um pacto de amor. Cristo era profundamente sábio, pois tinha consciência de que o discurso deles era incompatível com a prática. Sabia que o comportamento humano muda diante dos estímulos estressantes. Em alguns casos, engessamos de tal forma a inteligência que travamos a capacidade de pensar, o que nos dá uma sensação de "branco" na memória.

Em diversos trechos dos evangelhos o mestre dá a entender que conhecia intimamente a dinâmica da inteligência. Sabia que, sob ameaça, a leitura da memória se restringe e as reações traem as intenções. De fato, amamos a serenidade quando estamos tranquilos, mas, quando angustiados, vivemos num cárcere emocional. Temos grandes dificuldades de organizar os pensamentos e reagir com lucidez e segurança.

O mestre usou a própria dor que os discípulos lhe causariam para conduzi-los a se interiorizar e levá-los a compreender melhor a vida. Que mestre sacrificou-se tanto para ensinar aos seus discípulos? Ele os amava intensamente. Nunca os abandonaria, mesmo que eles o abandonassem.

Finalmente, Jesus queria prepará-los para que não desistissem de si mesmos, apesar dos seus erros. Desejava que não mergulhassem na esfera do sentimento de culpa e do desânimo. Sabia que ficariam angustiados quando caíssem em si e percebessem que o tinham rejeitado. Ao prever o comportamento de todos (abandono), de Judas (traição) e de Pedro (negação), queria, acima de tudo, protegê-los, educá-los e dar-lhes condições para que retomassem o caminho de volta.

Infelizmente, Judas não retornou. Desenvolveu um profundo sentimento de culpa e uma reação depressiva intensa que o levaram ao suicídio. Pedro ficou extremamente angustiado, mas retornou, ainda que em lágrimas. Por incrível que pareça, Jesus era tão profundo e preocupado com seus íntimos, que cuidava até do sentimento de culpa deles antes mesmo que surgisse. Não creio que tenha havido um homem com preocupações tão lúcidas e refinadas como o mestre da Galileia.

Os educadores, os pais e mesmo os executivos das empresas preocupam-se em corrigir erros imediatos, refazer as rotas do comportamento. Jesus, ao contrário, preocupava-se em levar seus discípulos a desenvolver a arte de pensar, ainda que fosse à custa dos mais aviltantes erros. Antes mesmo que se sentissem culpados, ele já preparava o remédio para aliviá-los.

Capítulo 8

Um cálice insuportável: os sintomas prévios

A ansiedade vital e a ansiedade doentia

Neste capítulo estudaremos com mais detalhes a emoção de Jesus e sua intensa tristeza vivenciadas no Getsêmani. Ele declarou, sem meias-palavras, que estava profundamente deprimido. Seria uma doença depressiva ou um estado depressivo momentâneo? Qual a diferença entre as duas situações? Quais eram as características fundamentais da sua emoção? O mestre era propenso à depressão? Antes de abordar todas essas importantes questões, que certamente se tornarão um espelho para compreendermos alguns aspectos do nosso próprio território emocional, gostaria de comentar a ansiedade vivida por Jesus naquele momento.

Muitos pensam, inclusive alguns psiquiatras e psicólogos, que toda ansiedade é doentia. Existe, porém, uma ansiedade vital, normal, que anima a inteligência e que está presente na construção de pensamentos, na busca do prazer, na realização de projetos. A ansiedade vital estimula a criatividade. Como já disse, até Jesus comentou: *"Esperei ansiosamente por esta ceia"* (Lucas 22:15). Era uma ansiedade normal, fruto da expectativa de ver cumprido o desejo do seu coração.

A ansiedade só se torna patológica ou doentia quando prejudica o desempenho intelectual e retrai a liberdade emocional. As características mais marcantes da ansiedade são: instabilidade emocional, irritabilidade, hiperaceleração dos pensamentos, dificuldade de gerenciamento da tensão, déficit de concentração, déficit de memória e o aparecimento de sintomas psicossomáticos. Existem muitos tipos de transtornos ansiosos, como a síndrome do pânico, os transtornos obsessivos compulsivos, a ansiedade generalizada, o estresse pós-traumático, as fobias, etc.

No primeiro livro desta coleção comentei que o mestre de Nazaré era tão sábio que não desejou que os seus discípulos fossem desprovidos de qualquer tipo de ansiedade. Solicitou, sim, que não andassem sempre ansiosos. Entre as causas fundamentais da ansiedade doentia apontadas por ele estão os problemas existenciais e a postura de gravitar em torno dos pensamentos antecipatórios.

O mestre queria que os discípulos valorizassem aquilo que o dinheiro não compra: a tranquilidade, a solidariedade, o amor mútuo, a lucidez, a coerência, a unidade. Almejava que conquistassem mais o "ser" do que o "ter" e aprendessem a enfrentar os problemas reais do dia a dia, e não os problemas imaginários criados no cenário da mente.

O Mestre dos Mestres da escola da vida, muitos séculos antes do nascedouro da psicologia, vacinava seus discípulos contra a ansiedade doentia, patológica. Infelizmente, até hoje, a psicologia ainda não sabe como produzir uma vacina eficaz contra os transtornos ansiosos e depressivos. A farmacodependência, a violência, a discriminação e os sintomas psicossomáticos, tão abundantes nas sociedades modernas, são testemunhos inegáveis de que as ciências que têm como alvo a personalidade humana, principalmente a psicologia e a educação, ainda são ineficientes para desenvolver suas funções mais nobres.

Uma "vacina" psicossocial preventiva passa pela produção de um ser humano seguro, estável, que sabe se interiorizar, se repensar e que gerencia bem seus pensamentos e suas emoções diante das turbulências da vida. A psicologia desprezou Cristo, considerou-o distante de qualquer análise. Contudo, creio que a análise da sua inteligência poderá contribuir significativamente para a produção dessa vacina.

Os jovens saem dos colégios e das universidades com diplomas técnicos e títulos acadêmicos, sabendo atuar no mundo físico, mas sem saber atuar no seu mundo interior, ignorando como se tornarem agentes modificadores da sua história emocional, intelectual ou social.

Os discípulos de Cristo não tinham um perfil psicológico e cultural recomendável. Será possível transformar homens rudes, agressivos, sem cultura, que amam estar acima dos outros, que não sabem trabalhar em equipe, em verdadeiros vencedores, capazes de brilhar nas áreas mais ricas da inteligência e do espírito humano?

Aparentemente Jesus foi derrotado, pois os seus íntimos causaram-lhe suas primeiras quatro frustrações. Mas será enriquecedor um dia publicar a trajetória de vida dos discípulos antes e depois da morte do seu mestre. Há dois mil anos o mestre da Galileia já praticava a mais bela e eficiente terapia e educação preventiva.

A ansiedade como doença e como sintoma da depressão

A ansiedade pode ser uma doença isolada ou um sintoma de outras doenças psíquicas, como os transtornos depressivos. Aliás, a ansiedade é um dos principais sintomas da depressão.

As pessoas ansiosas frequentemente apresentam variados graus de hipersensibilidade emocional. Por serem hipersensíveis, qualquer problema ou contrariedade provoca um impacto tensional importante, gerando um humor instável e flutuante. Num momento estão tranquilas e no outro se mostram irritáveis, impulsivas e impacientes.

Apesar de ter atingido o ápice da ansiedade no Getsêmani, o mestre de Nazaré não teve como sintomas de depressão a irritabilidade, a hipersensibilidade e a instabilidade emocional. Experimentou apenas um estado intenso de tensão, associado a sintomas psicossomáticos. Ainda conseguia administrar sua emoção e gerenciar seus pensamentos, o que explica a gentileza e a amabilidade expressas no momento em que Judas o traiu e quando os discípulos o frustraram.

No mais alto grau da sua angústia, ele ainda brilhava em sua humanidade. Abatido, cuidava das pessoas e era afetuoso com elas. Nunca descarregou sua tensão naqueles que o circundavam. Nunca fez deles depósito da sua dor.

Somos iguais ao mestre? Quando estamos ansiosos, qualquer problema se agiganta. Ficamos instáveis e irritáveis. Nossa gentileza se esfacela, nossa lucidez se evapora, e agredimos facilmente as pessoas que nos circundam. Alguns, infelizmente, fazem dos seus íntimos um depósito da sua ansiedade. Descarregam neles seu lixo emocional. Praticam uma violência não prevista nos códigos penais, mas que lesa o cerne da alma, o direito essencial do prazer de viver.

A construção de pensamentos do homem Jesus estava hiperacelerada na noite que antecedeu sua morte, pois ele não parava de pensar em tudo o que iria viver em seu cálice. Mas Jesus não perdeu o controle da inteligência, não se afogou nas tramas da instabilidade emocional e da irritabilidade.

Lucas descreve que a ansiedade do mestre era tão intensa que produziu importantes sintomas psicossomáticos. Certamente seu coração batia mais rápido e sua frequência respiratória devia estar aumentada.

Enquanto orava, seus poros se abriam e o suor escorria por seu corpo e molhava a terra aos seus pés.

Os sintomas da síndrome do pânico e os da ansiedade do mestre

Cristo teve um ataque de pânico no jardim do Getsêmani? Vamos fazer um breve comentário sobre a síndrome do pânico e analisar as reações emocionais e psicossomáticas que ele teve naquela noite insidiosa.

A síndrome do pânico é, das doenças psíquicas ansiosas, a que mais produz sofrimentos na psiquiatria. Atinge pessoas de todos os níveis sociais. O perfil psicológico dos que têm propensão para desenvolver a síndrome do pânico se caracteriza por hipersensibilidade emocional, preocupações excessivas com o próprio corpo, supervalorização de doenças, excesso de introspecção, dificuldade em lidar com dores e frustrações, hiperprodução de pensamentos antecipatórios. A síndrome do pânico é capaz de acometer as melhores pessoas da sociedade.

Cristo não tinha perfil psicológico ligado a preocupações exageradas com doenças ou com seu corpo, não vivia em função de pensamentos antecipatórios, nem era hipersensível. Como veremos no final deste livro, ele conseguia combinar duas características quase que irreconciliáveis da personalidade: a segurança com a sensibilidade emocional.

A síndrome do pânico é classificada como uma doença ligada ao grupo das ansiedades. É o teatro da morte. Caracteriza-se por um medo súbito e dramático provocado pela sensação de que se vai morrer ou desmaiar. Esse medo gera intensa reação ansiosa acompanhada de sintomas psicossomáticos, como a taquicardia, o aumento da frequência respiratória, a sudorese. É frequente a impressão da iminência de um infarto, o que leva os portadores dessa síndrome a irem de cardiologista em cardiologista procurando se convencer de que não vão morrer.

Imagine se neste momento o leitor acreditasse convictamente que iria morrer após terminar de ler esta página. Não conseguiria terminar a leitura. Um turbilhão de ideias ligadas ao fim da existência, à solidão fatal, à perda dos íntimos passaria por sua mente. Além disso, o pavor da morte provocaria uma descarga no seu córtex cerebral, gerando diversos sintomas psicossomáticos, preparando-o para a fuga. É isso o que ocorre na mente das pessoas que sofrem ataques de pânico.

Ninguém morre por ter a síndrome do pânico, mas o sofrimento é muito maior do que o das pessoas que estão realmente enfartando ou sob risco real de morrer.

Discordo da posição de muitos neurocientistas que postulam teoricamente que a síndrome do pânico é causada apenas pelo gatilho dos neurotransmissores, tal como a alteração dos níveis de serotonina.* É possível que haja esse gatilho em determinados casos, mas as causas psíquicas e sociais são grandes fatores desencadeantes.

Alguns psiquiatras, desconhecendo a complexidade do funcionamento da mente e não sabendo os limites de um postulado teórico, usam o postulado dos neurotransmissores como se fosse uma verdade científica, desprezando o diálogo com os portadores da síndrome do pânico, tratando-os apenas com antidepressivos. A solução estritamente química é inadequada.

Os antidepressivos são importantes, mas conduzir a descaracterização do teatro da morte na memória, resgatar a liderança do eu nos focos de tensão e gerenciar os pensamentos de conteúdo negativo, como fez o mestre de Nazaré nos seus momentos mais tensos, são procedimentos fundamentais para a resolução definitiva da crise. Caso contrário, haverá recorrências, e a fobia social – ou seja, o medo de frequentar lugares públicos – se instalará nesses pacientes.

Não é um ataque de pânico isolado que determina a síndrome do pânico. É necessário que os ataques se repitam.

Cristo não sofreu um ataque de pânico no jardim do Getsêmani. Ele apresentou diversos sintomas psicossomáticos e uma emoção tensa e angustiada, mas não sentiu medo de morrer. Tanto assim que, ao longo de sua vida pública, expressou diversas vezes pensamentos que despertavam a ira dos seus inimigos, correndo um risco constante de ser morto.

Naquela noite fatídica, a ansiedade do mestre não se relacionava ao medo da morte, mas ao tipo de morte e à postura que teria de assumir

---

* Kaplan, Harold I.; Sadoch, Benjamin J. *Compêndio de psiquiatria.* Porto Alegre: Artes Médicas, 1997.

em cada uma das etapas do seu sofrimento. Veremos que ele discursava com naturalidade sobre a morte, deixando transparecer que ela abriria as janelas de sua liberdade.

As biografias de Cristo indicam que ele fazia muitos milagres. Mas seus milagres não se davam na alma, na personalidade. Era o contato com Jesus que produzia um imenso prazer e liberdade, uma intensa mudança interior que precisava criar raízes pouco a pouco nos sinuosos territórios da vida. Caso contrário, a mudança se tornava superficial e se evaporava no calor do dia, ao deparar com as dificuldades inevitáveis. Foi com esse objetivo que ele proferiu a parábola do semeador. A semente que frutificou foi aquela que caiu num solo (alma) fértil, que permitiu a criação de raízes.

A personalidade precisa de transformação, não de milagres. Desenvolver a arte de pensar, aprender a filtrar os estímulos estressantes, investir em sabedoria nos invernos da vida são funções nobilíssimas que não se conquistam facilmente, nem em pouco tempo. Se um milagre pudesse expandir a inteligência e resolver os conflitos psíquicos, por que Jesus não sanou a fragilidade de Pedro, impedindo que ele o negasse, nem evitou o sono estressado dos seus amigos? Notem que, até para aliviar a própria dor, Cristo evitou milagres.

Gostamos de eliminar rápida e instantaneamente nossos sofrimentos. Mas não temos êxito. Não há ferramentas para isso. É preciso aprender com o mestre a velejar para dentro de nós mesmos, enfrentar a dor com ousadia e dignidade e usá-la para lapidar a alma.

A arte de ouvir e de dialogar

O mestre interagia continuamente com seu Pai. Ele agia do mesmo modo com seus discípulos. As pessoas que conviviam com ele tornavam-se saudáveis, aprendiam a se desarmar de sua rigidez e a falar de si mesmas. Ele as irrigava com a arte de ouvir e dialogar e as estimulava a ser caminhantes dentro de si mesmas.

Muitos são ótimos para dar conselhos, mas péssimos para dialogar e ouvir. O diálogo que dizem ter é de mão única, deles para os outros, e nunca dos outros para eles. Por isso, ouvem o que querem ouvir e nunca o que os outros têm para dizer.

A arte de ouvir e dialogar potencializa até mesmo os efeitos dos antidepressivos. Os profissionais de saúde mental que veem o mundo dos seus pacientes apenas dentro dos limites do metabolismo do cérebro têm uma visão míope da complexa colcha de retalhos da inteligência. Não conseguem perceber os pensamentos ocultos dos pacientes nem perscrutar o que as palavras deles nunca disseram.

Volto a lembrar a importância de saber ouvir e do diálogo. Nunca será demais chamar atenção para o fato de estarmos tão próximos fisicamente de nossos íntimos, mas tão distantes interiormente. A família moderna se tornou um grupo de estranhos que dividem o mesmo espaço, respiram o mesmo ar, mas não penetram no mundo uns dos outros. Poucos têm coragem de admitir a crise de diálogo e de rever a qualidade das suas relações sociofamiliares.

No mundo atual, as pessoas vivem ilhadas dentro da própria sociedade, expostas a uma série de transtornos psíquicos. É preciso repensar o estresse a que somos constantemente submetidos, a competição predatória, o individualismo e a baixa capacidade de sentir prazer, apesar de possuirmos uma enorme indústria de entretenimento.

O mestre de Nazaré vivia a arte do diálogo. Tinha prazer em interagir com as pessoas. Entrava no lar, na história e no mundo delas. Gastava tempo dialogando com aqueles que não tinham qualquer status social. Sua presença era agradável e reconfortante. Sob o aconchego de Jesus ninguém se sentia ilhado ou excluído. Solidão era uma palavra estranha aos que o seguiam.

É preciso repensar também o bombardeamento de informações negativas geradas pelo sistema de comunicação e o seu impacto sobre a construção multifocal da inteligência. Todos os dias a mídia escrita, televisada e falada divulga os fatos mais violentos, perversos e assustadores.

O drama da morte e da violência amplamente divulgado na mídia estimula o fenômeno RAM (registro automático da memória) a inscrever contínua e privilegiadamente nos arquivos inconscientes da personalidade a violência e a ameaça do fim.* Esse registro fica dis-

---

* Cury, Augusto J. *O Mestre dos Mestres*. Rio de Janeiro: Sextante, 2006 (coleção *Análise da Inteligência de Cristo*).

ponível para que o fenômeno do gatilho da memória faça uma leitura instantânea capaz de gerar cadeias súbitas de pensamentos negativos. Tais pensamentos, por sua vez, produzem um gatilho emocional instantâneo que gera ansiedade, irritabilidade, angústia e, consequentemente, desencadeia sintomas psicossomáticos.

As relações entre Jesus e os seus discípulos eram encorajadoras e sem negativismos. Havia um constante clima de tensão por causa da rejeição às suas ideias por parte dos escribas e fariseus. Mas ele não deixava que uma nuvem de pensamentos negativos bombardeasse a mente dos seus íntimos. Apesar das dificuldades, ele criava sempre um clima que relaxava e tranquilizava os que o cercavam. Seu comportamento exalava uma espécie de "perfume emocional" que atraía as pessoas. Por isso, paradoxalmente, até os seus opositores faziam plantão para ouvi-lo.

Tomando o cálice como homem e não como filho de Deus

O mestre queria redimir a humanidade. Não poderia, portanto, tomar o seu cálice como filho de Deus, mas como um ser humano, como eu e você, leitor. Embora afirmasse com todas as letras que era o filho do Deus altíssimo, ele teria de abster-se dessa condição, teria de beber seu cálice como um homem.

Por um lado, ele almejava retornar à glória que tinha antes de o mundo existir, mas primeiro teria de cumprir a sua mais amarga missão. Por outro lado, desejava resgatar o ser humano e, para isso, teria de passar pelo martírio como um homem comum. E o que é pior, teria de suportá-lo como nenhuma pessoa o fez.

Não poderia pedir clemência no momento em que estivesse sofrendo. Não poderia gritar como qualquer pessoa ferida, pois seu símbolo era o cordeiro, um dos poucos animais que silenciam diante da morte. Não poderia odiar e se irar contra os seus inimigos. Pelo contrário, teria de perdoá-los e, mais do que isso, de amá-los. Caso contrário, trairia as palavras que ele mesmo proclamou aos quatro ventos: *"Amai vossos inimigos e orai pelos que vos perseguem"* (Mateus 5:44).

Não poderia se desesperar. No Getsêmani, enquanto se preparava para tomar o cálice, viveu uma intensa ansiedade, mas durante o espancamento, as sessões de tortura e a crucificação, teria de reagir com a mais alta serenidade. Caso contrário, não seria capaz de administrar sua emoção no ápice da dor nem governar seus pensamentos para expressar sabedoria e tolerância num ambiente onde só havia espaço para o medo, a raiva e a agressividade.

Crer em Cristo como filho de Deus depende da fé. Entretanto, não se pode negar que, independentemente da sua condição divina, ele foi um homem até às últimas consequências. Sofreu e se angustiou como um homem. Onde ele reuniu forças para superar o caos que se instalou em sua emoção naquele escuro jardim? Ele foi sustentado por um contínuo e misterioso estado de oração. A oração trouxe-lhe saúde emocional. Diluiu sua angústia e irrigou sua alma com esperança.

Sabendo que teria de suportar seu cálice como um homem, sem qualquer anestésico e com a mais alta dignidade, Cristo teve seu sistema orgânico abalado por sintomas psicossomáticos. Sofreu um raro caso de hematidrose, só produzido no extremo do estresse. Lucas comenta que seu suor se transformou em gotas de sangue (Lucas 22:44). Há poucos casos na literatura médica que relatam que alguém, submetido a intenso estresse, teve ruptura ou abertura dos capilares sanguíneos capaz de permitir que as hemácias fossem expelidas junto com o suor.

Se Cristo tivesse obedecido à linguagem psicossomática do seu corpo, não chegaria ao estresse extremo, mas teria fugido daquele ambiente. Todo o seu corpo clamava pela fuga. Porém, ele nunca fugiu dos seus ideais. Nem por um milímetro afastou-se da sua missão. Pelo contrário, lutava dentro de si mesmo para realizar a vontade do Pai, que também era a sua, e se preparar para transcender o insuportável.

CAPÍTULO 9

A REAÇÃO DEPRESSIVA DE JESUS: O ÚLTIMO ESTÁGIO DA DOR HUMANA

Uma emoção profundamente triste

Quanto mais o corpo de Cristo dava sinais psicossomáticos para que fugisse rapidamente da situação de risco, mais ele resistia e refletia sobre seu cálice. A resistência intensificava sua ansiedade e fazia a emoção ser invadida por um profundo estado de tristeza.

O registro de Mateus diz que *"Cristo começou a entristecer-se e a angustiar-se profundamente"* (Mateus 26:37). A enorme tristeza que sentiu indica que ele entrou num estado de humor deprimido, e a angústia profunda é sinal de uma ansiedade intensa, acompanhada, como comentei, de diversos sintomas psicossomáticos.

Chegou a vez de aquele homem, que gostava de se rodear de crianças, que confortava os leprosos, que acolhia as prostitutas, que era amigo dos publicanos, passar pela condição mais dolorosa da emoção, pela experiência do humor deprimido. Chegou a vez de aquele homem, que contagiava todos com seu poder e sua segurança, experimentar a fragilidade da emoção humana.

Conseguirá ele superar seu grave estado de tristeza e reagir com dignidade num ambiente totalmente hostil e desumano? Antes de analisarmos essa questão precisamos responder a duas outras: Cristo sentiu no Getsêmani uma reação depressiva ou uma doença depressiva? Qual a diferença entre as duas?

A personalidade de Cristo estava na contramão da depressão

O mestre possuía de fato uma alegria incomum. Nele não havia sombra de tristeza ou insatisfação. A alegria de Cristo não se exteriorizava com largos sorrisos e gestos eufóricos, mas fluía do seu interior, como a água que jorra continuamente de uma nascente.

Aquele que discursara incisivamente para que as criaturas saciassem a sede da alma, a sede de prazer, agora estava extremamente triste, pois ia cumprir o seu objetivo maior: morrer pela humanidade. Ao interpretarmos as entrelinhas dos textos das suas biografias, constatamos que seu humor deprimido não decorria da dúvida quanto a tomar ou não seu cálice, mas do sabor intragável que ele continha.

Vejamos qual a diferença entre uma doença depressiva e uma reação depressiva para depois julgarmos o estado emocional de Cristo.

A depressão é uma doença clássica na psiquiatria. Será, como disse, a doença do século XXI. Sua incidência tem sido alta em todas as sociedades modernas e em todas as camadas sociais. As pessoas idosas e os adultos são mais expostos a ela, mas, infelizmente, essa insidiosa doença tem atingido também cada vez mais as crianças, principalmente aquelas que sofrem por causa de doenças, maus-tratos, experiências de abandono ou vivem em lares onde imperam a crise do diálogo e a agressividade.

Os adolescentes também estão cada vez mais vulneráveis à depressão. A crise do diálogo, a busca do prazer imediato, a incapacidade de trabalhar estímulos estressantes e o jugo da paranoia da estética têm gerado a necessidade compulsiva de exibir um corpo que siga o modelo estereotipado difundido pela mídia, o que ocasiona nos adolescentes a depressão e outros transtornos psíquicos como a bulimia e a anorexia nervosa.

A dor da depressão pode ser considerada como o último estágio da dor humana. Ela é mais intensa do que a dor da fome, pois uma pessoa faminta tem o apetite preservado e, por isso, revira até o lixo para comer e sobreviver, enquanto algumas pessoas deprimidas podem, mesmo diante de uma mesa farta, não ter apetite nem desejo de viver. Só compreende a dimensão da dor da depressão quem já passou por ela.

Existem diversos graus de depressão. Há depressão leve, moderada e grave; depressão com ou sem sintomas psicossomáticos (dores musculares, taquicardia, cefaleia, nó na garganta, gastrite, etc.); depressão com ou sem sintomas psicóticos (desorganização do pensamento, delírios e alucinações); depressão recorrente, caracterizada por frequentes recaídas; e depressão com apenas um episódio, ou seja, a que é tratada e não retorna mais ao cenário emocional.

As causas que levam uma pessoa a ter um transtorno depressivo podem ser psíquicas, sociais ou genéticas. As psíquicas incluem ideias de conteúdo negativo, dificuldade de proteção emocional, hipersensibilidade, antecipação de situações do futuro, etc. As sociais compreendem perdas, competição predatória, crise financeira, preocupações existenciais, pressão social. A carga genética pode influenciar o humor e propiciar o aparecimento de doenças psíquicas, mas é bom que saibamos que não há condenação genética na psiquiatria, a não ser quando existem anomalias cerebrais decorrentes de alterações cromossômicas. Portanto, pais gravemente deprimidos podem gerar filhos saudáveis. A influência genética pode ser contornada pela formação adequada da personalidade dos filhos, pelo quanto aprendem a gerenciar seus pensamentos nos focos de tensão e a preservar suas emoções diante de estímulos estressantes.

Não há indícios de que Jesus tenha tido uma carga genética com propensão para o humor deprimido. Em outro livro desta coleção veremos que Maria, sua mãe, de acordo com Lucas, tinha uma personalidade refinada, especial: era sensata, sensível, humilde e dada à reflexão. Não há qualquer indício de que ela tenha tido depressão.

Lucas escreve que *"O menino crescia em estatura e sabedoria"* (Lucas 2:40). Cristo nunca se colocou como um espectador passivo diante da vida; pelo contrário, foi um agente modificador da sua história desde a infância.

É raríssimo observarmos uma criança crescendo em sabedoria nas sociedades modernas, ou seja, aprendendo a pensar antes de reagir, a lidar com as perdas com maturidade, a ser solidária, tolerante e a enfrentar com dignidade suas dificuldades. As crianças crescem aprendendo línguas, usando computadores, praticando esportes, mas não destilando sabedoria. Com apenas 12 anos de idade o menino de Nazaré já brilhava em sua inteligência, já deixava perplexos os mestres da lei com sua sabedoria, tal como está descrito no trecho que relata seu encontro no templo com os doutores (Lucas 2:48).

Existem também vários tipos de depressão: depressão maior, distímica, ciclotímica e outras. As doenças depressivas têm uma rica sintomatologia. Farei uma breve síntese delas.

A depressão maior

A depressão maior é caracterizada por humor deprimido (tristeza intensa), ansiedade, desmotivação, baixa autoestima, isolamento social, sono irregular, apetite alterado (diminuído ou aumentado), fadiga excessiva, libido reduzida (prazer sexual diminuído), ideias de suicídio, déficit de concentração, etc. Ela ocorre em pessoas de todos os níveis socioeconômico-culturais.

Muitos pacientes com depressão maior, antes da crise depressiva, apresentam uma personalidade afetivamente rica, são alegres, ativos, sociáveis. Contudo, por diversos motivos, essas pessoas são atingidas pela depressão. As razões que levam uma pessoa extrovertida e sociável ao drama da depressão maior são múltiplas. Vão de uma predisposição genética a causas psicossociais, como perdas, frustrações, limitações físicas, pensamentos de conteúdo negativo, ruminação de pensamentos passados, antecipação de situações futuras.

Não basta estar profundamente triste ou deprimido para se caracterizar uma depressão. Esse estado de humor deprimido tem de perdurar no mínimo alguns dias ou semanas, embora haja casos que chegam a durar meses e até anos. Além disso, precisa apresentar alguns dos sintomas já citados, principalmente a alteração dos sistemas instintivos que preservam a vida (o sono, o apetite e a libido), fadiga excessiva, ansiedade e desmotivação.

Jesus teve depressão maior? Não! No Getsêmani, seu humor deprimido estava num grau de intensidade que só as mais graves doenças depressivas chegam a atingir. Contudo, sua tristeza não vinha de longe. Havia iniciado apenas algumas horas antes e era decorrente da necessidade de antecipar os sofrimentos de que seria alvo para preparar-se para suportá-los.

Ao longo de sua vida e até nos últimos momentos antes de ser traído e preso não havia em Jesus qualquer sintoma de depressão. Não se isolava socialmente, a não ser quando necessitava meditar. Era muito sociável, gostava de fazer amigos e de partilhar suas refeições. Tinha grande disposição para visitar novos ambientes e proclamar o "reino dos céus". Não era irritadiço nem inquieto. Ao contrário, conseguia manter a calma nas situações mais adversas. Seu sono era saudável – conseguia dormir até em situações turbulentas como durante uma tempestade no mar. Enfim, nele não havia nada que pudesse caracterizar uma "depressão maior".

A depressão distímica

A depressão distímica é aquela que acompanha o processo de formação da personalidade. Os pacientes com depressão distímica, ao contrário daqueles com depressão maior, que antes são alegres e sociáveis, desenvolvem uma personalidade negativista, crítica, insatisfeita, isolada. Os sintomas são os mesmos da depressão maior, mas menos intensos. A ansiedade é mais branda, o que diminui o risco de suicídio, a não ser que a crise depressiva se intensifique e comecem a aparecer sintomas tão eloquentes quanto os da depressão maior.

É difícil conviver com portadores de depressão distímica por causa do negativismo, da insatisfação, da baixíssima autoestima e da enorme dificuldade que têm de elogiar as pessoas e os eventos que os circundam. Só conseguem enxergar sua própria dor. Não são assim porque querem, mas porque estão doentes. Eles precisam ser compreendidos e ajudados.

Embora os sintomas sejam menos intensos do que os da depressão maior, é mais difícil tratá-los em razão da desesperança que esses pacientes carregam, da baixa colaboração no tratamento e da dificuldade que sempre tiveram de extrair prazer dos pequenos detalhes da vida. Todavia, é possível que tais pessoas deem um salto no prazer de viver.

Cristo não tinha depressão distímica nem personalidade distímica. Não era negativista nem insatisfeito. Embora fosse crítico do comportamento humano e das misérias sociais, suas críticas eram ponderadas e feitas no momento certo. Era uma pessoa contagiante. Nunca se deixava abater pelos erros dos outros nem pelas situações difíceis.

As sementes que plantara nos corações ainda não haviam germinado, mas, com uma esperança surpreendente, ele pedia aos seus discípulos: *"Erguei os olhos e vede os campos: estão brancos para a colheita"* (João 4:35). Quando disse tais palavras, o ambiente que o rodeava era de desolação e tristeza. Ele já possuía muitos opositores, e muitas pessoas queriam matá-lo. Os discípulos erguiam os olhos e não conseguiam perceber nada além de um deserto escaldante. Mas Cristo via além da imagem geográfica e das circunstâncias sociais. Seu olhar penetrante conseguia vislumbrar o que ninguém via e, consequentemente, ele se animava com o que levava outros a desistirem.

Não havia em Jesus sombra de desânimo. Se fosse só um pouquinho negativista, teria desistido daqueles jovens galileus que o seguiam, pois eles lhe causavam constantes transtornos. Se estivéssemos em seu lugar, excluiríamos Pedro, por nos ter negado; Judas, por nos ter traído; e os demais, por terem fugido de nossa presença. Entretanto, sua motivação para transformá-los era inabalável.

Os executivos e os profissionais de recursos humanos que estão sempre fazendo cursos sobre motivação com resultados frequentemente inexpressivos deveriam se espelhar na motivação do mestre de Nazaré. Vimos que até mesmo quando discursava sobre o seu corpo e seu sangue, na última ceia, havia nele uma forte chama de esperança de transcender o caos da morte.

Ao cair da última folha no inverno, quando tudo parecia perdido, quando só havia motivos para desespero e choro, Cristo ergueu os olhos e viu as flores da primavera ocultas nos troncos secos da vida. Ao contrário dele, ao primeiro sinal de dificuldade, desistimos de nossas metas, nossos projetos e sonhos. Precisamos aprender com seu exemplo a erguer os olhos e ver por trás das dificuldades, dores, derrotas, perdas, e compreender que após os invernos mais rigorosos podem surgir as mais belas primaveras.

A depressão ciclotímica

A depressão ciclotímica é um transtorno emocional flutuante. Alterna períodos de depressão com fases de euforia. Cada fase pode durar dias ou semanas, e pode haver intervalos sem crises. Na fase de depressão, os sintomas são semelhantes aos que já citei. Na fase eufórica ocorrem sintomas opostos aos da fase depressiva, como excesso de sociabilidade, de ânimo, de comunicação, de autoestima. Nessa fase, as pessoas se sentem tão poderosas e excessivamente animadas e otimistas que compram tudo o que está à sua frente e fazem grandes projetos, sem alicerces para materializá-los.

Os pacientes que sofrem de depressão bipolar também apresentam polos depressivos associados a polos maníacos (eufóricos). Perdem os parâmetros da realidade quando estão em crise de mania, enquanto os que estão apenas na fase eufórica da depressão ciclotímica conservam seu raciocínio e sua consciência, mantendo integração com a realidade, embora com comportamentos histriônicos, bizarros. É fácil condenar e tachar as pessoas com humor excessivamente flutuante de imaturas e irresponsáveis. Todavia, elas não precisam de críticas ou julgamentos, mas de apoio, compreensão e ajuda.

Cristo também não tinha depressão ciclotímica nem humor flutuante. Ao contrário, seu humor era estável e suas metas, bem-estabelecidas. Não agia por impulsos emocionais nem tinha gestos de grandeza para se autopromover. Embora fosse muito comunicativo, era lúcido e econômico no falar.

O mundo inteiro podia contrapor-se a ele, mas nada comprometia o cumprimento da sua missão. Passava pelos vales da vida sem que se percebesse nele qualquer instabilidade emocional. Durante a sua jornada, quando pressentiu que sua "hora" se aproximava, voltou-se subitamente para Jerusalém e foi para o território dos seus inimigos. Queria morrer em Jerusalém.

Os transtornos obsessivos associados à depressão

Os transtornos obsessivos compulsivos (TOC) são caracterizados por ideias fixas não administradas pelo eu. O fenômeno do autofluxo, que é o responsável por produzir o fluxo de pensamentos e emoções no campo da energia psíquica, faz uma leitura contínua de determinados territórios da memória, gerando uma hiperprodução de ideias fixas.* Tais ideias podem levar a um grande estado de angústia, principalmente quando estão ligadas a câncer, infarto, derrame cerebral, acidentes, perda financeira e preocupações excessivas com segurança, higiene e limpeza. As pessoas com TOC não conseguem gerenciar as ideias obsessivas. Pensam o que não querem pensar e sentem o que não querem sentir. Algumas vezes, os transtornos obsessivos causam tantos sofrimentos que podem desencadear uma doença depressiva.

Cristo também não sofria de transtornos obsessivos. Não tinha ideias fixas atormentando sua mente. Sofrer e morrer na cruz não eram uma obsessão para ele. Deixou claro que só estava tomando o seu cálice porque amava intensamente a humanidade.

---

* Cury, Augusto J. *Inteligência multifocal.* São Paulo: Cultrix, 1998.

Tinha todo o direito de pensar fixamente dia e noite em cada etapa do seu martírio, pois estava consciente de quando e como iria morrer, mas era completamente livre em seus pensamentos. Previu pelo menos quatro vezes a sua morte, mas essa previsão não revelava uma mente perturbada por pensamentos antecipatórios. Desejava apenas preparar seus discípulos para o drama que iria sofrer e conduzi-los a conhecer o projeto que estava guardado no âmago do seu ser.

Nós fazemos o "velório antes do tempo", sofremos por antecipação. Os problemas ainda não aconteceram e talvez nunca venham a acontecer, mas destruímos nossa emoção por vivê-los antecipadamente. O mestre de Nazaré só sofria quando os acontecimentos batiam à sua porta. Somente possuindo uma emoção tão livre ele poderia, a menos de 24 horas de sua tortura na cruz, ter disposição para cear e cantar com seus discípulos e pedir a Deus que eles tivessem um prazer completo.

A diferença entre a depressão e uma reação depressiva

A diferença entre uma doença depressiva e uma reação depressiva não está ligada frequentemente à quantidade nem à intensidade dos sintomas, mas, principalmente, à durabilidade deles.

Uma reação depressiva é momentânea, dura horas ou, no máximo, alguns dias. Permanece enquanto está presente o estímulo estressante ou enquanto a pessoa não se psicoadapta a ele. Os estímulos podem ser uma ofensa, uma humilhação pública, a perda do emprego, de um ente querido, a separação conjugal, um acidente, uma doença. Com a psicoadaptação ou a remoção desses estímulos, ocorre uma desaceleração dos pensamentos e a reorganização da energia emocional, trazendo de volta o prazer de viver.

Se os sintomas de uma reação depressiva perduram por mais tempo, então se instala uma doença depressiva que chamo de depressão reacional. Esta durará uma semana, duas ou mais tempo, dependendo do sucesso do tratamento.

Qual o mecanismo psicodinâmico que gera uma reação depressiva ou um transtorno ansioso? O mestre de Nazaré era uma pessoa tão afinada com a arte de pensar e tão madura na capacidade de proteger a sua emoção, que ele compreendia de maneira cristalina o mecanismo que vou sinteticamente expor.

O fenômeno RAM (registro automático da memória) grava na memória todas as experiências que transitam em nossas mentes. Num computador, escolhemos as informações que queremos guardar, mas na memória humana não há essa opção. Por que não temos essa opção? Porque, se a tivéssemos, poderíamos ter a chance de produzir o suicídio da inteligência. Seria possível, numa crise emocional, destruir os arquivos da memória que estimulam a construção de pensamentos. Nesse caso, perderíamos a consciência de quem somos e de onde estamos. E, assim, o tudo e o nada seriam a mesma coisa, inexistiríamos como seres pensantes.*

Tudo o que pensamos e sentimos é registrado automática e involuntariamente pelo fenômeno RAM. Esse fenômeno tem mais afinidade com as experiências com mais "volume" emocional, ou seja, registra-as de maneira mais privilegiada. Por isso, "recordamos" com mais facilidade as experiências que nos causaram tristezas ou alegrias intensas.

Em uma pessoa desprovida de proteção emocional, as experiências angustiantes produzidas pelos estímulos estressantes são gravadas de maneira privilegiada na memória, ficando, portanto, mais disponíveis para serem lidas. Uma vez lidas, geram novas cadeias de pensamentos negativos e novas emoções tensas. Assim, fecha-se o ciclo psicodinâmico que gera determinados transtornos psíquicos, inclusive o TOC.

Cuidamos da higiene bucal, do barulho do carro, do vazamento de água, mas não cuidamos da qualidade dos pensamentos e das emoções que transitam em nossas mentes. Estes, uma vez arquivados, nunca mais podem ser deletados, somente reescritos. Por isso, o tratamento psiquiátrico e psicoterápico não é cirúrgico, mas um lento processo. Da mesma forma, também é difícil, mas não impossível, mudar as características de nossa personalidade.

É mais fácil, como Cristo fazia, proteger a emoção ou reciclá-la rapidamente no momento em que a vivemos do que reescrevê-la depois de guardada nos arquivos inconscientes da memória. Ele gozava de uma saúde emocional impressionante, pois superava continuamente

---

* Cury, Augusto J. *Inteligência multifocal.* São Paulo: Cultrix, 1998.

as ofensas, as dificuldades e as frustrações. Portanto, o fenômeno RAM não registrava experiências negativas em sua memória, pois ele simplesmente não as produzia em sua mente.

Cristo não fazia de sua memória um depósito de lixo, pois não conseguia guardar mágoa de ninguém. Podia ser ofendido e injuriado, mas as ofensas não invadiam o território da sua emoção. A psicologia do perdão que ele amplamente divulgava não apenas aliviava as pessoas perdoadas, mas as transformava em pessoas livres e tranquilas.

Mesmo quando seu amigo Lázaro morreu, ele não ficou desesperado nem correu para realizar mais um dos seus milagres. Fazia tudo com serenidade, sem desespero e no tempo certo. Não conheço ninguém que possua a estrutura emocional que ele teve.

Tenho estudado exaustivamente uma síndrome que descobri.* Essa síndrome se instala no processo de formação da personalidade e tem grande incidência na população em geral. A síndrome tri-hiper apresenta três características hiperdesenvolvidas na personalidade: hipersensibilidade emocional, hiperconstrução de pensamentos e hiperpreocupação com a imagem social.

A hipersensibilidade emocional se expressa por enorme desproteção emocional. Pequenos problemas causam um impacto emocional muito grande. Uma ofensa é capaz de estragar o dia ou a semana da pessoa a quem ela foi dirigida.

A hiperconstrução de pensamentos se caracteriza por uma produção excessiva de pensamentos. Pensamentos antecipatórios, ruminação de pensamentos sobre o passado, pensamentos sobre os problemas existenciais. A consequência da hiperprodução de pensamentos é um grande desgaste de energia cerebral.

A hiperpreocupação com a imagem social se manifesta por uma preocupação angustiante com o que os outros pensam e falam a nosso respeito. Tal característica faz com que a pessoa administre mal todo tipo de crítica e rejeição social. Um olhar de desaprovação é capaz de causar-lhe uma ansiedade intensa.

Nem todos têm os três pilares dessa síndrome, mas ela costuma acometer as melhores pessoas da sociedade. São boas para os outros

---

* Cury, Augusto J. *Superando o cárcere da emoção.* São Paulo: Academia de Inteligência, 2000.

e péssimas para si mesmas. Realmente creio que essa síndrome tem mais possibilidade de desencadear uma doença depressiva ou ansiosa do que a predisposição genética.

Cristo era um exímio pensador, mas não pensava excessivamente nem se perdia em divagações. Não gastava energia mental com coisas inúteis. Preocupava-se intensamente com a dor humana, mas não se importava com sua imagem social, com o conceito que tinham sobre ele. Por diversas vezes houve discussão entre os seus opositores sobre quem ele era, qual a sua identidade. Ocorriam debates acalorados sobre o que fazer com ele.

O mestre sabia que tencionavam prendê-lo e matá-lo, mas, embora contagiasse as multidões com sua amabilidade e gentileza, era ao mesmo tempo sólido e seguro. Portanto, não era portador da síndrome tri-hiper. Isso explica por que ele transitava ileso pelos vagalhões da vida.

O mestre teve uma reação depressiva

Durante toda a sua vida, Jesus sofreu intensas pressões sociais. Com dois anos de idade devia estar brincando, mas já era perseguido de morte por Herodes. Seus pais não tinham privilégios sociais. Sua profissão era simples. Passou frio, fome e não possuía moradia fixa. Teve, assim, diversos motivos para ser negativista, ansioso e irritadiço, mas era uma pessoa satisfeita e bem-resolvida.

Nunca culpou ninguém por sua falta de privilégios, nem buscava ansioso o que lhe faltava. Era rico por dentro, embora fosse pobre por fora. Ao contrário dele, muitos têm excelentes motivos para serem alegres, mas são tensos, agressivos e angustiados.

Jesus vivia cada minuto com intensidade. Caminhava incansavelmente de aldeia em aldeia pregando a sua mensagem. Algumas vezes não tinha o que comer, mas não se importava; o prazer de estar em contato com novas pessoas, de aliviá-las e iluminá-las com sua mensagem era mais importante. Dizia até, para espanto dos discípulos, que o seu alimento era fazer a vontade de seu Pai (João 4:34).

Entretanto, aquele homem alegre, seguro, amável, imbatível agora estava no jardim do Getsêmani. Lá ele expressou pela primeira vez uma profunda tristeza.

O que ele sentiu: uma depressão ou uma reação depressiva? Creio que as explicações anteriores deixam claro que ele teve apenas uma reação depressiva momentânea, embora intensa e sufocante. Quando começou a refletir sobre seus sofrimentos, uma nuvem de pensamentos dramáticos transitou por sua mente.

Sempre soube o que o aguardava, mas a hora fatal havia chegado. Precisava se preparar para suportar o insuportável. Penetrou em cada detalhe das suas chagas. Naquele momento, o homem Jesus viveu o mais ardente e insuportável estado de tristeza.

A depressão dos pensadores

Muitos homens ilustres tiveram depressão ao longo da vida. Freud teve crises depressivas. Em uma de suas correspondências com seus amigos, disse que estava muito deprimido e que a vida havia perdido o sentido. O turbilhão de ideias que transitavam por sua mente, os pensamentos negativos sobre a existência, o peso das perdas e outros fatores culminaram por deixá-lo deprimido numa fase posterior. A cultura psicanalítica não o livrou de sua miséria interior.

Hebert Spencer, um grande pensador inglês do século XIX, comentou certa vez que não valia a pena viver. Durant, historiador da filosofia, procurou defendê-lo.* Comentou que Spencer "enxergava tão longe que as coisas que se passavam debaixo do seu nariz não tinham sentido para ele". Essa defesa é muito incompleta. Não é pelo fato de ter sido um grande pensador que Spencer perdeu o solo do prazer. Entre as causas interiores deve-se ressaltar que ele desenvolveu o mundo das ideias, mas desprezou, pouco a pouco, a arte de contemplar o belo nos pequenos detalhes da vida.

De fato, não poucos pensadores viveram uma vida angustiante. Caminharam no mundo das ideias, mas não aprenderam a navegar no mundo da emoção. Assim, perderam o sentido da vida, o prazer de viver.

Esses homens foram frágeis? É difícil julgar os outros sem se colocar no lugar deles e penetrar na colcha de retalhos da sua vida. Todos temos

* Durant, Will. *História da filosofia*. Rio de Janeiro: Nova Fronteira, 1995.

nossas fragilidades e passamos por avenidas difíceis de transitar. A vida humana possui perdas imprevisíveis e variáveis, difíceis de administrar.

Alguns pensadores se tornaram grandes negativistas, tais como Voltaire, Schopenhauer, Nietzsche. Imergiram no torvelinho das ideias, mas descuidaram dos pequenos eventos que norteiam a vida. Não souberam irrigar suas emoções com os lírios dos campos sobre os quais o carpinteiro de Nazaré tão bem discursou para seus discípulos.

Cristo discorreu sobre os mistérios da existência como nenhum filósofo jamais o fez. A eternidade, a morte, a transcendência das dores, a transformação na natureza humana estavam constantemente na pauta das suas ideias. Apesar de ter um discurso intelectual complexo e de ser drasticamente crítico da maquiagem social, da falta de solidariedade e do cárcere intelectual das pessoas, ele exalava singeleza e prazer. Grandes pensadores perderam o sentido da vida ao desenvolver o mundo das ideias. Todavia, Cristo, apesar de ir tão longe no discurso dos pensamentos, ainda achava tempo para contemplar os lírios dos campos.

Temos de tomar cuidado com o paradoxo da cultura e da emoção: no território da emoção há iletrados que são ricos e intelectuais miseráveis. Não poucos deles se isolaram socialmente e deixaram de ser pessoas socialmente agradáveis. Não perceberam que um sorriso é tão importante quanto uma brilhante ideia. Não compreenderam que a cultura sem o prazer de viver é vazia e morta.

Também vivi um período de tristeza e negativismo em minha produção de conhecimento filosófico e psicológico. Pelo fato de produzir uma nova teoria sobre o funcionamento da mente e a construção da inteligência, bem como por investigar exaustivamente a lógica dos pensamentos e os fenômenos que leem em uma fração de segundo a memória e constroem as cadeias das ideias, também perdi o solo emocional e imergi numa esfera de negativismo e tristeza. Moro num lugar belo, rodeado de natureza. Mas, paulatinamente, o canto dos pássaros e a forma requintada das flores não encantavam mais minha emoção como antes.

Porém, felizmente, compreendi que o mundo das ideias não podia ser desconectado da arte da contemplação do belo. É possível extrair prazer das coisas mais singelas. Estudar a personalidade de Cristo me ajudou muito nessa compreensão. Aprendi que a beleza não está fora, mas nos olhos de quem a vê.

Recordemos a atitude intrigante de Jesus na grande festa judaica. Ele levantou-se e exclamou que era uma fonte de prazer para o ser humano. Não pensem que o ambiente exterior era favorável. Não! Era tenso e ameaçador. Os soldados, a pedido do sinédrio, estavam lá para prendê-lo. Bastava que abrisse a boca para ser identificado. Nesse ambiente turbulento, ele bradou, com a maior naturalidade, que poderia resolver a angústia essencial que está no cerne da alma humana.

Os soldados, perplexos, voltaram de mãos vazias, pois disseram: *"Nunca ninguém falou como este homem"* (João 7:46). É incrível pensar que Jesus falou do prazer onde só havia espaço para o medo e a ansiedade.

A depressão das pessoas famosas

Quando o mundo das ideias é desconectado da emoção, o prazer de viver diminui. Quando a fama é mal administrada, ela atinge a saúde emocional. Com o desenvolvimento da comunicação, houve uma expansão excessiva e doentia do desejo de ser famoso. Desde pequenas as crianças querem ser artistas de cinema, cantores, jogadores de futebol, grandes empresários. No fundo desse desejo está o sonho da fama. No entanto, o mundo da fama tem abatido homens e mulheres.

Uma análise da personalidade das pessoas famosas evidencia que, no início, a fama produz um êxtase emocional. Com o decorrer do tempo, porém, essas pessoas sofrem nos bastidores de suas mentes a ação do fenômeno da psicoadaptação que faz com que elas pouco a pouco se entediem com o sucesso e a perda da privacidade, diminuindo, assim, o prazer com os aplausos e os assédios.

Para nós que pesquisamos a inteligência e o funcionamento da mente não existe fama. Ela é um artifício social. Ninguém está acima dos outros ou é mais importante do que eles. É interessante notar que o mestre de Nazaré pensava exatamente desse modo. Tanto as pessoas famosas como aquelas que estão no anonimato são seres humanos dignos do mesmo respeito, pois possuem os mesmos fenômenos inconscientes que leem a memória e constroem as cadeias de pensamentos, a consciência e a totalidade da inteligência.

Apesar das particularidades contidas em nossa personalidade, partilhamos fenômenos universais que promovem o funcionamento da mente, gerando também necessidades psíquicas e sociais universais. As pessoas famosas, ainda que tenham conquistado os maiores troféus, têm, tanto como o africano de Ruanda castigado pela fome, necessidade de sonhar, dialogar, ter amigos, superar a solidão, refletir sobre a existência. Se essas necessidades não são atendidas, a qualidade de vida emocional fica prejudicada.

Schopenhauer, ilustre filósofo alemão, disse certa vez que "a fama é uma tolice; a cabeça dos outros é um péssimo lugar para ser sede da verdadeira felicidade do ser humano".* De fato, gravitar em torno dos outros e esperar o retorno deles para alimentar nossa paz e felicidade é uma péssima escolha. É dentro de cada um de nós que deve estar a nossa própria felicidade, e não no que os outros pensam e falam a nosso respeito.

Embora amando o mundo das ideias, Schopenhauer não viveu o que discursou, pois foi um amargo pessimista, não alcançando o prazer dentro de si mesmo. Todavia, Cristo vivia um prazer e uma paz que emanavam do seu interior. Suas mais ricas emoções eram estáveis porque não dependiam das circunstâncias sociais nem das atitudes dos outros em relação a ele.

Se a fama e o sucesso, ainda que legítimos, não forem bem-trabalhados, tornam-se um canteiro de angústia, isolamento e tédio. Nada é tão fugaz e instável quanto a fama.

Cristo era extremamente assediado. Em alguns momentos queriam aclamá-lo rei. Em outros, davam-lhe nada menos que o status de deus. Mas a fama não o seduzia, e ele tinha mais prazer nos pequenos eventos da vida do que nos grandes acontecimentos sociais. Seus mais brilhantes pensamentos não foram proferidos em ambientes públicos, mas no aconchego simples de uma praia, de um jardim ou na casa dos seus amigos.

Um resumo das características que tornavam Cristo uma pessoa saudável

A seguir, farei uma síntese das características fundamentais de Jesus estudadas até aqui. Elas fizeram com que o carpinteiro de Nazaré,

---

* Durant, Will. *História da filosofia*. Rio de Janeiro: Nova Fronteira, 1995.

que não frequentou escola nem cresceu aos pés dos intelectuais da sua época, tivesse uma personalidade ímpar, diferente de todas as outras. O brilho que ele emanou atravessou os séculos e continua reluzindo em nossos dias.

Por meio dessas características podemos compreender por que ele não teve nenhum tipo de depressão, nem a síndrome do pânico, nem transtorno obsessivo compulsivo (TOC), nem a síndrome tri-hiper e nenhum outro transtorno psíquico.

1) Protegia sua emoção diante dos focos de tensão.
2) Filtrava os estímulos estressantes.
3) Não fazia de sua memória uma lata de lixo das misérias existenciais.
4) Não gravitava em torno das ofensas e rejeições sociais.
5) Pensava antes de reagir.
6) Era convicto no que pensava e gentil na maneira de expor seus pensamentos.
7) Transferia a responsabilidade de crer nas suas palavras e de segui-lo aos seus ouvintes.
8) Vivia a arte do perdão. Podia retomar o diálogo a qualquer momento com as pessoas que o frustravam.
9) Era um investidor em sabedoria diante dos invernos da vida. Fazia das suas dores uma poesia.
10) Não fugia dos seus sofrimentos, mas os enfrentava com lucidez e dignidade.
11) Quanto mais sofria, mais alto sonhava.
12) Não reclamava nem murmurava. Supervalorizava o que tinha, e não o que lhe faltava.
13) Gerenciava com liberdade seus pensamentos. As ideias negativas não ditavam ordens em sua mente.
14) Era um agente modificador da sua história, e não vítima dela.
15) Não sofria por antecipação.
16) Rompia todo cárcere intelectual. Era flexível, solidário e compreensivo.
17) Brilhava no seu raciocínio, pois abria as janelas da sua memória e pensava em todas as possibilidades.

18) Contemplava o belo nos pequenos eventos da vida.
19) Não gravitava em torno da fama e jamais perdia o contato com as coisas simples.
20) Vivia cada minuto da vida com intensidade. Não havia nele sombra de tédio, rotina, mesmice ou angústia existencial.
21) Era sociável, agradável, relaxante. Estar ao seu lado era uma aventura contagiante e estimulante.
22) Vivia a arte da autenticidade.
23) Sabia compartilhar seus sentimentos e falar de si mesmo.
24) Vivia a arte da motivação. Conseguia erguer os olhos e ver as flores antes que as sementes tivessem brotado, antes do cair das primeiras chuvas.
25) Não esperava muito das pessoas que o rodeavam, nem das mais íntimas, embora se doasse intensamente a elas.
26) Tinha enorme paciência para ensinar e não vivia em função dos erros dos seus discípulos.
27) Nunca desistia de ninguém, embora as pessoas pudessem desistir dele.
28) Tinha enorme capacidade para encorajá-las, ainda que fosse com um olhar. Usava os seus erros como adubo da maturidade, e não como objeto de punição.
29) Sabia estimular a inteligência delas e conduzi-las a pensar em outras possibilidades.
30) Conseguia ouvir o que as palavras não diziam e ver o que as imagens não revelavam.
31) A ninguém considerava como inimigo, embora alguns o considerassem uma ameaça para a sociedade.
32) Conseguia amar com um amor incondicional, um amor que ultrapassava a lógica do retorno.

Se tivessem estudado a personalidade de Cristo, teriam compreendido que ele atingiu não apenas o ápice da inteligência como também o apogeu da saúde emocional e intelectual.

CAPÍTULO 10

O CÁLICE DE CRISTO

Dois pensamentos inesperados

O homem Jesus sempre abalou os alicerces da inteligência de todos aqueles que cruzavam sua história. Dos discípulos aos opositores, dos leprosos às prostitutas, dos homens iletrados aos mestres da lei, todos ficavam intrigados com sua perspicácia, rapidez de raciocínio, eloquência, amabilidade, delicadeza de gestos e reações que demonstravam poder. Entretanto, no Getsêmani, ele verbalizou dois pensamentos inéditos no seu vocabulário.

O primeiro, que já vimos, foi dirigido aos homens. Ele disse: *"A minha alma está profundamente angustiada."* Agora, no segundo, ele foi mais longe ao pedir: *"Pai, se possível, afaste de mim este cálice, todavia não faça o que quero, mas sim o que tu queres"* (Mateus 26:39).

O que significa esse segundo pensamento? Significa sofrer por antecipação? Aquele homem sólido e aparentemente inabalável hesitou diante do seu martírio? Ele recuou?

Certa vez, Jesus pressentiu que sua "hora" havia chegado. Quando foi isso? Poucos dias antes do Getsêmani, quando alguns gregos vieram visitá-lo. Sua fama se expandira tanto que já havia atingido o país da filosofia, a Grécia. É provável que em outras nações já se falasse a seu respeito. Na Galileia, Herodes Antipas estava ansioso por conhecê-lo, pois ouvira falar de sua fama e esperava vê-lo fazer algum milagre (Mateus 14:1).

Cristo preferia o anonimato, mas era impossível alguém como ele passar despercebido. Os homens do sinédrio não falavam em outra coisa a não ser do medo de que seu comportamento e o movimento das multidões ao seu redor pudessem ser considerados como uma sedição a Roma, o que estimularia uma intervenção em Israel e o comprometimento dos privilégios dos seus dirigentes (Mateus 27:17-18).

O mestre começou a divulgar seus pensamentos a partir dos trinta anos. Divulgou-os por apenas três anos e meio. Nesse curto período, causou um tumulto sem precedentes naquela nação. As multidões, para inveja da cúpula judaica, seguiam-no atônitas.

Se tivesse vivido mais dois ou três anos, ainda que não fizesse qualquer marketing pessoal, talvez não apenas os povos de outras nações se dirigissem a ele como também ele pudesse abalar o império de Tibério, o imperador romano.

Com a aproximação dos gregos, pressentiu que o tempo de sua partida tinha chegado. Disse: "*É chegada a hora*" (Marcos 14:41). Sabia que seu comportamento e o que ele exaustivamente anunciava jamais seriam aceitos. Graças à sua fama e aos seus atos, o povo estava querendo aclamá-lo rei. Mas aquele dócil homem dizia, para perplexidade de todos, que o seu reino não era deste mundo. As pessoas, obviamente, não entendiam sua linguagem. Se a multidão continuasse alvoroçada, uma guerra se instalaria.

Roma interviria com vigor, como ocorreu 37 anos depois, no ano 70 d.C. Naquela época, Roma, sob o comando do general Tito – o mesmo que concluiu o Coliseu iniciado por seu pai, o imperador Vespasiano –, dilacerou Jerusalém e matou cerca de um milhão de pessoas.

Jesus era veementemente contra qualquer tipo de violência. Aceitava colocar sua vida em risco, mas protegia as pessoas ao seu redor, até os seus opositores, e por isso conteve a agressão de Pedro aos soldados que o prendiam. Todavia, sua fama aumentava cada vez mais. Já não conseguia andar com liberdade. As pessoas o espremiam por onde ele passava.

Naquela época, alguns judeus, querendo matá-lo, chegaram até a usar uma mulher como armadilha. Flagrada em adultério, ela ia ser apedrejada se não fosse a exímia sabedoria e ousadia de Jesus expressa na frase: "*Quem não tem pecado atire a primeira pedra*" (João 8:7). Aqueles homens sedentos de sangue foram então obrigados a se interiorizar e a repensar sua violência.

Quando os gregos pediram a um de seus discípulos para encontrar Jesus, este lhes disse: "*Minha alma está agora conturbada. Que direi eu? Pai, salva-me desta hora? Mas foi precisamente para esta hora que eu vim*" (João 12:27). Aqui, quando pensou no seu martírio, mencionou que estava angustiado. No entanto, naquele momento, ele sentiu apenas uma pequena amostra da angústia que sofreria dias depois no Getsêmani. Logo se refez e os discípulos não perceberam a sua breve dor.

Naquela situação, ele ainda demonstrava ser inabalável, pois discorreu sobre o julgamento do mundo. Também descreveu o tipo de morte que teria, dizendo: *"Quando eu for elevado da terra"* (João 12:32). Ser "elevado da terra" significava ser crucificado. Colocou-se como a luz que resplandece nos bastidores da mente e do espírito humano. Disse: *"Ainda por pouco tempo a luz está entre vós"* (João 12:35). E, além disso, em vez de pedir, como no Getsêmani, *"Pai, se possível afasta de mim este cálice"*, afirmou: *"Mas foi precisamente para esta hora que eu vim"* (João 12:27).

Morrer pela humanidade era sua meta fundamental, nada o desviaria desse objetivo. Por que, então, dias depois no Getsêmani, ele mudou seu discurso e suplicou ao Pai que afastasse dele o cálice? Naquele jardim, a morte batia-lhe à porta. Dentro de doze horas ele seria crucificado. Mudou então de atitude porque assumiu plenamente sua condição de homem.

Se Cristo sofresse e morresse como filho de Deus, jamais poderíamos aprender algo com suas experiências, pois somos pessoas frágeis, inseguras e com enorme dificuldade para lidar com nossas misérias. Mas como morreu como filho do homem podemos extrair do seu caos profundas lições de vida.

Naquele momento chegou a dizer uma frase interessante: *"O espírito está pronto, mas a carne é fraca"* (Mateus 26:41). Seu ser interior, "seu espírito", estava preparado para morrer, pois era forte, estável e determinado. Porém, seu ser exterior, "sua carne", era frágil, fraca e sujeita a transtornos quase que incontroláveis em determinadas situações, como ocorre com qualquer ser humano.

Dizer que a carne é fraca significa dizer que o corpo físico, embora complexo, está sujeito a frio, fome, dor, alterações metabólicas. Indica que há uma unidade entre a psique (alma) e a vida física (*bios*) e que essa vida, por meio dos instintos, prevalece muitas vezes sobre a psique, principalmente quando estamos tensos ou vivenciando qualquer tipo de dor.

O mestre tinha razão. Notem que um pequeno estado febril é capaz de nos abater emocionalmente. Uma cólica intestinal pode turvar nossos pensamentos. Uma ofensa em público tem o poder de travar a coordenação de nossas ideias. Uma enxaqueca pode nos tornar irritáveis e intolerantes com as pessoas que mais amamos.

Eu me alegro ao analisar um homem que teve a coragem de dizer que estava profundamente angustiado e que teve a autenticidade de clamar a Deus para que afastasse dele o seu martírio. Se tudo em sua vida fosse sobrenatural, não haveria beleza e sensibilidade, pois eu sou sujeito a angústias, meus pacientes são sujeitos a transtornos psíquicos e todos nós somos sujeitos a erros e dificuldades.

Os homens gostam de ser deuses, mas aquele que se colocava como filho de Deus gostava de ser homem.

Administrando a emoção no discurso do pensamento

Apesar de sofrer como um homem, Jesus tinha uma humanidade nobilíssima. Notem que ele disse ao seu Pai: *"Afasta de mim este cálice"* (Marcos 14:36). O demonstrativo "este" indica que ele estava se referindo ao que se passava em sua mente com respeito ao cálice físico que iria suportar na manhã seguinte.

Imaginem quantos pensamentos e emoções angustiantes não transitavam pela mente de Jesus. Vamos nos colocar no lugar dele. Imaginemos nossa face toda cheia de hematomas pelos murros dos soldados, nossas costas sulcadas pelos açoites, nossa cabeça ferida pelos múltiplos espinhos. Imaginemos também os primeiros pregos esmagando a pele, os nervos e músculos de nossas mãos.

Qual seria o pior cálice: o psíquico dos pensamentos antecipatórios ou o cálice físico? Normalmente, o cálice psicológico é pior do que o físico, mas no caso de Jesus eram ambos, pois o sofrimento da cruz foi indescritível. Entretanto, ele pedia ao Pai que afastasse "este" cálice, o cálice psíquico, o que se passava na sua mente, e não o físico. Mas, como este cálice também fazia parte do seu martírio, em seguida emendou: *"Contudo, não a minha vontade, mas a tua seja feita"* (Lucas 22:42). Com resignação, rendeu-se à vontade de seu Pai.

Jesus sofreu por antecipação porque estava às portas de seu julgamento e de sua crucificação. Como já comentei, precisava pensar nas etapas da sua dor para reunir forças para suportá-las como homem de carne e osso.

O procedimento do mestre da escola da vida evidencia que há momentos em que devemos deixar de lado a nossa despreocupação e tomar total consciência dos problemas que atravessaremos. Caso contrário, nos alienamos socialmente. Esses momentos devem ser encarados de frente e analisados de diversos ângulos. Porém, é difícil saber qual é o momento certo para esse exercício intelectual.

O tempo para lidar com os problemas futuros deveria ser apenas o suficiente para nos equiparmos a fim de superá-los. Sofrer por um câncer hipotético, por uma crise financeira que pode não ocorrer, por uma dificuldade ainda distante, é se autoflagelar inutilmente.

Infelizmente, uma das características mais universais do *homo sapiens*, desta espécie inigualável da qual fazemos parte, é sofrer por antecipação. A construção de pensamentos que deveria gerar um oásis de prazer produz, muitas vezes, um espetáculo de terror que nos expõe com frequência a transtornos psíquicos. São muitas as pessoas cultas e aparentemente saudáveis que sofrem secretamente dentro de si mesmas.

Não deveríamos ficar pensando durante dias, semanas ou meses antes de os fatos acontecerem, a não ser que tivéssemos a capacidade de não envolver a emoção com as cadeias de pensamentos, pois ela é a grande vilã que rouba energia cerebral. Quando a atividade do pensamento está carregada de tensão, apreensão e angústia, gasta duas, três ou até dez vezes mais energia do que se estivesse desvinculada dessas emoções. Se pudéssemos usar nossa capacidade reflexiva sem vinculá-la à ansiedade, seríamos capazes de refletir sobre os fatos muito tempo antes de eles ocorrerem. Mas não conheço quem possua tal habilidade. Os vínculos da emoção com os pensamentos acompanham toda a história de formação da personalidade.

Uma análise psicológica estrita da personalidade de Cristo indica que ele teve essa habilidade. Só empregou emoção tensa na produção de pensamentos horas antes de morrer. Se durante a sua jornada não soubesse administrar sua inteligência, ele estrangularia a própria emoção, pois, por estar consciente do drama que iria atravessar, teria a mente continuamente atormentada, o que não lhe daria condições para brilhar na arte de pensar, manter a serenidade, ser afetivo e dócil com todas as pessoas que cruzavam a sua história.

Não vivendo um teatro: o paradoxo entre o poder e a singeleza

Quando aquele homem dócil e corajoso pediu a Deus que afastasse aquele cálice, tomou a atitude mais incompreensível de toda a sua história. Com essas palavras, como vimos, ele viveu a arte da autenticidade. Mas, por outro lado, essa atitude poderia comprometer a adesão de novos discípulos, pois é próprio da fantasia humana desejar ligar-se a alguém que nunca expresse qualquer fraqueza. Alguns veem nessa atitude de Cristo fragilidade e hesitação, mas, após estudar exaustivamente a sua personalidade, percebo nela a mais bela poesia de liberdade. Seu comportamento manifesta que, se ele quisesse, poderia ter evitado o seu cálice, mas o tomou livre e conscientemente.

Suas palavras revelam que Jesus não representava uma peça, mas queria ser ele mesmo, e por isso relatou sem qualquer disfarce o que se passava no palco da sua emoção. Jesus de Nazaré era tão grande e desprendido, que não tinha nenhuma necessidade de simular o que sentia. Nós, ao contrário, não poucas vezes simulamos sentimentos, pois temos medo de ser desaprovados e excluídos do ambiente em que vivemos.

Estudar a mente de Cristo é algo muito complexo. Frequentemente suas atitudes estão ocultas aos olhos da ciência, pois entram numa esfera que não pode ser investigada, a esfera da fé. Mas não devemos ficar de mãos amarradas, pois é possível garimpar tesouros escondidos nos seus pensamentos.

Suas atitudes singelas e o poder descomunal que demonstrava equilibravam-se perfeitamente na "balança" da sabedoria e do bom senso.

As ideias de grandeza são frequentemente incompatíveis com a saúde psíquica. Se analisarmos a história de qualquer pessoa que desejou compulsivamente o poder e a exaltação suprema, que sempre se empenhou em estar acima dos outros, verificaremos em sua personalidade algumas características doentias, como a incoerência, a impulsividade, atitudes autoritárias e uma enorme dificuldade de se colocar no lugar dos outros e perceber suas dores e necessidades. Alguns, por amarem obsessivamente o poder, se tornaram paranoicos; outros, psicopatas; e outros, ainda, ditadores violentos.

Os ditadores com tais características sempre violaram os direitos dos outros, pois nunca conseguiram ver o mundo com os olhos deles. Tomemos Hitler como exemplo. Uma análise da sua história constata que ele tinha uma mente perspicaz e persuasiva, associada a um delírio de grandeza, ansiedade, irritação, incoerência intelectual e exclusão social. Mesmo derrotado, percebia-se nele uma pessoa inflexível, incapaz de reconhecer minimamente seus erros e de possuir sentimentos altruístas. No fim da guerra, pouco antes de se suicidar, casou-se com Eva Braun.* A incoerência não está nesse casamento que, aparentemente, poderia representar um brinde ao afeto, mas no fato de que se casaram confessando que eram "arianos puros". Com isso, mesmo às portas da morte, ele ainda avalizava o holocausto judeu e perseguia a sua insana e cientificamente débil purificação da raça.

O povo judeu sempre foi um povo brilhante. Perseguiu-o e dizimou-o um ditador psicopata, incapaz de compreender que uma "raça" ou mesmo a cor da pele e a condição cultural jamais poderiam servir de parâmetro para distinguir dois seres da mesma espécie. Pois são seres que partilham os mesmos fenômenos, que leem a memória e produzem as insondáveis cadeias de pensamentos, bem como todos os elementos que estruturam a inteligência e a consciência. Como já afirmei, até uma criança com deficiência mental é dotada da mesma complexidade na sua inteligência e, portanto, merece o mesmo respeito que o mais puro dos arianos ou qualquer outro ser humano.

Jesus também teve ideias de grandeza impensáveis. Colocava-se acima dos limites do tempo. Inferia que era o Cristo, o filho do autor da existência. Relatava uma indestrutibilidade jamais expressa por um ser humano. Todavia, ao contrário de todos os homens que amaram o poder, preferia a singeleza e a humildade.

Apesar de expressar um poder incomum, jamais excluiu alguém. Amava os judeus com uma emoção ardente e, com exceção da cúpula de poder, eles o amavam igualmente. Para a felicidade dos leprosos, das prostitutas e das barulhentas crianças, aquele homem que evidenciava sua grandeza procurava as pessoas mais simples para se relacionar. Podia usar seu poder para controlar as pessoas e colocar o mundo aos seus pés. Mas vale sempre relembrar seu gesto de suprema humildade, abaixando-se e lavando os pés de homens sem privilégios sociais. O amor que o movia ultrapassava os limites da lógica. A psicologia não consegue perscrutá-lo e analisá-lo adequadamente, pois sua personalidade é muito diferente do comum.

---

* Mayda, Giuseppe *et al. Os ditadores*. São Paulo: Editora Três, 1997.

Um plano superior

Se Cristo desejasse camuflar suas emoções, jamais teria expressado sua dor no Getsêmani e jamais teria manifestado a sua vontade de não beber o cálice.

O objetivo do mestre era muito mais ambicioso do que fundar uma escola de ideias ou uma corrente de pensamento. Como já repeti inúmeras vezes, seu objetivo era causar a mais drástica revolução humana, uma revolução que começaria no espírito humano, fluiria para toda a inteligência e modificaria para sempre a maneira de ser e de pensar do homem, introduzindo-o por fim na eternidade, o que indica a universalidade de Jesus Cristo. Ele veio para todos os povos e para as pessoas de qualquer religião, cultura, raça e condição social.

Se Platão, Sócrates, Hipócrates, Confúcio, Saquiamúni, Moisés, Maomé, Tomás de Aquino, Spinoza, Kant, Descartes, Galileu, Voltaire, Rosseau, Einstein e tantos outros que brilharam por sua inteligência e contribuíram por meio de pensamentos científicos, filosóficos ou religiosos para enriquecer a qualidade de vida fossem contemporâneos de Jesus Cristo e vivessem nas regiões da Galileia e da Judeia, certamente não estariam no sinédrio acusando-o, mas fariam parte do rol de seus amigos. Sentariam com ele à mesa e teriam ricos diálogos. Provavelmente, andariam em sua companhia de aldeia em aldeia e chorariam quando ele partisse.

O mestre de Nazaré não veio destruir as culturas, segundo está claramente expresso em todas as suas biografias; ele veio para dar "vida" ao ser mortal, introduzir a natureza de Deus dentro dele, enriquecê-lo com uma fonte inesgotável de prazer e imergi-lo numa vida infindável.

Jesus não era uma estrela no meio das pessoas. Ele se misturava com elas, fazia parte de sua cultura e se tornava uma delas. Questionado por se misturar à ralé e comer sem lavar as mãos, ele disse: *"Não é o que entra pela boca que torna o homem impuro, mas o que sai dela"* (Mateus 15:11). Não estava menosprezando a higiene, mas queria demonstrar que viera para mudar o interior do ser humano. Para isso estabeleceu princípios universais, como o que bradou no sermão da montanha. Disse: *"Felizes ou bem-aventurados são os pobres no espírito"* (Mateus 5:3), ou seja, aqueles que valorizam mais o "ser" do que o "ter" e se colocam continuamente como aprendizes diante da vida. Também chamou de bem-aventurados os pacificadores, os misericordiosos, os puros de coração, os que amam e têm sede de justiça.

Chegou ainda a dizer que são *"bem-aventurados os mansos porque herdarão a terra"* (Mateus 5:4), parecendo entrar em contradição com a história. A história relata que frequentemente os que exerceram qualquer tipo de violência foram os que herdaram a terra ou ocuparam os espaços sociais, embora nas sociedades democráticas tenha havido muitas exceções. Até na teoria de Darwin os mais fortes e adaptados são os que dominam os mais fracos. Todavia, segundo a sólida convicção do carpinteiro de Nazaré, os mansos são aqueles que um dia herdarão a terra.

Cristo viveu a mansidão como uma sinfonia de vida. Causou a maior revolução da história sem desembainhar nenhuma espada, sem produzir qualquer tipo de violência. Inspirou muitas pessoas ao longo das eras. Uma delas foi Gandhi, que o admirava muito e que, como um poeta da vida, libertou a Índia do Império Britânico em 1947 sem usar qualquer violência.

Somente os fortes poupam o sangue e são capazes de usar os pequenos orvalhos do diálogo, da afetividade e da tolerância para arar e irrigar o solo árido dos obstáculos que estão à sua frente.

A mudança inesperada do discurso de Cristo

Lucas descreve que Jesus inclinava o rosto sobre os pés e orava intensamente. Tal posição indicava não apenas a sua humildade, mas o seu sofrimento. Nessa posição, ele navegava para dentro do seu próprio ser e suplicava ao Pai.

No capítulo 17 de João, como vimos, ele fez a sua mais longa oração. Mencionou cerca de 39 vezes o nome do Pai e os pronomes relacionados a Ele. Talvez tenha gastado dez minutos nesse diálogo. Contudo, no jardim do Getsêmani, orou pelo menos por duas ou três horas (Mateus 26:39-45). Mas, como os discípulos dormiram, não temos registro disso. Talvez tenha mencionado o nome do Pai centenas de vezes e o tenha convidado a entrar em cada cena do filme da sua mente, em cada etapa da dor que iria atravessar.

Isso deve realmente ter acontecido, pois analisando as poucas frases que foram registradas nesse ambiente percebemos uma mudança do discurso de Jesus em relação ao cálice.

O texto de Mateus mostra-nos que na primeira frase ele bradou: *"Meu Pai: Se possível, passe de mim este cálice! Todavia, não seja como eu quero, e, sim, como tu queres"* (Mateus 26:39). Passada uma hora, após ter tido um rico diálogo não registrado, ele, embora gemendo de dor, mudou seu pensamento e afirmou: *"Meu Pai, se não é possível passar de mim este cálice sem que eu o beba, faça-se a tua vontade"* (Mateus 26:42). Essas palavras indicam que ele se convenceu de que não era possível deixar de beber o cálice.

Essa mudança de discurso revela que Jesus tinha um Pai que não era fruto de sua imaginação ou de uma alucinação psicótica. Uma alucinação e um delírio psicótico são produzidos quando uma pessoa perde os parâmetros da realidade e começa a construir, sem consciência crítica, uma série de pensamentos fantasiosos que considera reais; quando acredita convictamente que esses pensamentos ou imagens não foram produzidos por ela mesma, mas pertencem a outro ser real que está fora dela. Assim, ouve vozes inexistentes, vê imagens irreais e tem sensações estranhas e ideias infundadas. Se desenvolvermos um diálogo um pouco mais investigativo com alguém que está em surto psicótico, perceberemos facilmente a incoerência intelectual, a dificuldade consistente no gerenciamento dos pensamentos e a perda dos parâmetros da realidade.

Cristo não alucinava ou delirava quando dialogava com seu Pai. Pelo contrário, além de ser coerente e lúcido, desenvolveu, como venho repetindo, as funções da inteligência em patamares jamais sonhados pela psiquiatria e pela psicologia.

Ele não fantasiava nem fazia um jogo de linguagem quando se referia ao seu Pai. A análise das suas palavras e das intenções que elas expressam evidencia que seu Pai era real, que tinha uma existência própria, uma vontade definida. Talvez a vontade dele e a do Pai coincidissem em quase tudo o que planejaram, mas nessa situação a vontade do Pai não ia ao encontro da sua. O Pai queria a cruz, e o filho, na condição de homem, disse, ainda que por um momento, que desejava evitá-la. Isso revela claramente que o martírio de Cristo não foi um teatro. Independentemente de sua divindade, ele sofreu como um ser que tem pele, fibras musculares, nervos. Submeteu-se ao seu Pai não por temor ou imposição dele, mas por amor. Um amor que excede o entendimento.

Essa diferença entre a vontade dos dois não constituía problema para eles, pois um procurava satisfazer o desejo do outro. Por isso, segundo os evangelhos, o maior conflito do Universo foi resolvido em poucos momentos. Por que há entre eles uma inexprimível harmonia? Ambos possuem uma coexistência misteriosa – se os leitores quiserem se aprofundar nessa questão, devem procurá-la nos livros dos teólogos. Cristo disse certa vez a Filipe, um dos discípulos: *"Não crês que estou no Pai e que o Pai está em mim?"* (João 14-10). A vontade do Pai prevaleceu sobre a do filho. Este compreendeu que o cálice seria inevitável, por isso rendeu-se à vontade do Pai. Subentende-se aqui que o Pai, embora contemplasse os gemidos de dor do filho e tivesse consciência dos açoites e das feridas que ele enfrentaria, o convenceu a tomá-lo.

Segundo o pensamento de Cristo, se ele falhasse, o plano de Deus falharia. Neste caso, a redenção da humanidade não ocorreria, o perdão das mazelas e das misérias humanas não se realizaria, nenhuma criatura seria eterna. A vida humana seria uma simples brincadeira temporal e, após ela, o nada.

Como o Pai o convenceu a tomar o cálice? Talvez tenha relatado tudo o que o filho já sabia, todo o seu plano. Entretanto, como Jesus sofria intensamente como um homem, precisava ser confortado pelas palavras do seu Pai. Talvez este tenha mencionado o nome de Pedro, João, Maria Madalena, Lázaro e de todos os homens, mulheres e crianças que Jesus conheceu e amou ardentemente.

Jesus não teve sua vontade atendida pelo Pai, mas ainda assim orou. Por que orou, então? Porque aquele diálogo o sustentou, irrigou sua alma com esperança, renovou-lhe as forças. Os discípulos, estressados, dormiam um pesado sono, mas ele velejava para dentro de si mesmo.

Se o filho insistisse em não tomar o cálice, o Pai realizaria o seu desejo, mas Jesus disse: *"Faça-se a tua vontade..."* Talvez para o Pai fosse mais fácil ver seu filho morrer na cruz do que vê-lo sendo espancado e, ainda assim, ficar quieto; ser injuriado e, ainda assim, ser dócil; ser açoitado e, ainda assim, ser tolerante; ser esmagado na cruz e, ainda assim, ter o desprendimento de amar e perdoar.

Certa vez Jesus disse que se o ser humano, que é limitado na sua capacidade de amar, dava boas dádivas aos filhos quando estes lhe pediam, Deus, por ter uma capacidade insondável de amar, daria muito mais quando as pessoas insistentemente lhe pedissem (Mateus 7:9). Por meio dessas palavras afirmava que o amor de seu Pai era incomparavelmente maior do que o nosso instável e circunstancial amor.

Uma voz vinda do céu ecoava o que o Pai sentia pelo filho: *"Este é o meu filho amado, em quem me comprazo"* (Mateus 3:17). Segundo as biografias de Cristo, a sua morte foi o evento mais importante e mais doloroso para o Deus eterno. Vemos o desespero de Deus e de seu filho e a angústia que ambos viveram para mudar o destino da humanidade (Mateus 26:38).

Só os mortos realmente sabem se essa mudança de destino foi real ou não. Aqui, no "palco dos vivos", só nos resta acreditar ou rejeitar as palavras de Cristo. É uma atitude totalmente pessoal, com consequências pessoais. Mas creio que não há como não ficarmos perplexos diante desses acontecimentos.

A meta impressionante: "Vós sois deuses"

Agostinho, nos séculos iniciais da era cristã, resumiu resolutamente o seu pensamento sobre a missão e o cálice de Cristo: *"Deus se tornou homem para que o homem se tornasse Deus."**

Agostinho quis dizer que o objetivo de Deus é que o ser humano conquiste a natureza divina e se torne filho de Deus, não para ser adorado, mas para receber todas as dádivas do seu ser. O próprio apóstolo Pedro, na sua velhice, escreveu em uma de suas cartas que através de Cristo *"nós somos coparticipantes da natureza de Deus"* (2 Pedro 1:4). Incompreensível ou não, era isso o que pensavam Cristo e seus mais íntimos seguidores. Como pode o ser humano, tão cheio de falhas e tão restrito na sua maneira de pensar, receber a natureza de Deus e ser eterno como ele?

De fato, independentemente de rejeitar ou não o pensamento de Cristo, uma análise profunda das suas biografias revela que "tomar o cálice" não tinha a conotação de sofrer como um pobre miserável, mas revela o plano mais ambicioso jamais realizado, o plano de Deus de infundir a imortalidade dentro dos seres temporais.

Um dia, alguns judeus se encharcaram de ira pela blasfêmia de Jesus que, sendo um homem, se dizia Deus. Então Jesus, perturbando-os

---

* Bettenson, H. *Documentos da igreja cristã*. São Paulo: Aste/Simpósio, 1998.

drasticamente, replicou: *"Não está escrito na vossa lei: 'Eu disse: Sois deuses?'"* (João 10:34). O texto que Jesus citou do Velho Testamento caiu como uma bomba na mente daqueles homens que supunham conhecer as Escrituras antigas. Eles nunca tinham prestado atenção em alguns pontos fundamentais que estavam implícitos nesse texto do salmo 86.

O mestre continuou a confundi-los: *"Se ele chamou deuses àqueles a quem a palavra de Deus foi dirigida – e a Escritura não pode ser anulada –, àquele que o Pai consagrou e enviou ao mundo, dizeis: Tu blasfemas, porque eu disse: Sou filho de Deus?"* (João 10:35-36).

Essas palavras revelam o cerne do plano transcendental de Cristo. Ele queria que a criatura humana recebesse a natureza eterna de Deus. Se para aqueles homens as palavras do carpinteiro de Nazaré afirmando que era o próprio filho de Deus já eram consideradas uma blasfêmia insuportável, imagine o que eles pensaram de seu objetivo de fazer, de criaturas instáveis e temporais, filhos do Deus altíssimo. Os seus opositores não sabiam como defini-lo. Uns achavam que ele estava louco, outros que ele estava tendo um delírio espiritual (diziam que estava possuído pelo demônio) e outros, ainda, saíam confusos sem nada concluir.

A medicina é a mais complexa das ciências. É uma fonte concentradora das diversas áreas do conhecimento. Compõe-se da biologia, da química, da física, da matemática e de outras ciências. Todavia, o médico mais culto e experiente é apenas capaz de dizer que quem crê em seu tratamento pode se livrar da doença. Todavia, Cristo era tão intrigante que afirmava que quem cresse nele teria vida eterna. Que poder se escondia dentro do carpinteiro de Nazaré para que tivesse a coragem de expressar que transcenderia todas as indescritíveis consequências psicológicas e filosóficas do fim da existência?

Há milhares de hospitais e milhões de médicos espalhados pelo mundo inteiro procurando não apenas melhorar a qualidade de vida, mas também retardar o término da existência humana. Por fim, infelizmente, a morte triunfa e derrota a medicina. Todavia, apareceu um homem há dois milênios cujas palavras causaram o maior impacto da história. Ele afirmou, sem qualquer insegurança, que veio com a missão de triunfar sobre a morte. Queria romper a bolha do tempo que envolvia a humanidade e fazer com que o mortal alcançasse a imortalidade. Que propósito impressionante!

Capítulo 11

A criatura humana como ser insubstituível

O mestre da sensibilidade

Chegamos ao final deste livro. Aqui veremos três características fundamentais da personalidade de Jesus Cristo: a sensibilidade, o prazer de passar despercebido e a preocupação específica com cada ser humano.

Estudá-las contribuirá para compreendermos alguns pensamentos e reações subjacentes da pessoa mais bela e difícil de se compreender que passou por esta Terra.

A sensibilidade e a hipersensibilidade

Para elucidar esse assunto permitam-me contar-lhes uma história.

M. L. é uma educadora brilhante. Percebe o mundo de maneira diferente da maioria das pessoas. Contempla os pequenos detalhes da vida, capta os sentimentos mais ocultos das pessoas que a rodeiam. O sorriso de uma criança a encanta, até as folhas revoando ao léu a inspiram. Gosta de extrair lições das dificuldades que enfrenta. A vida para ela não é um espetáculo vazio, mas um espetáculo de emoções.

Concluindo: M. L. desenvolveu a sensibilidade, que é uma das características mais nobres da inteligência e uma das mais difíceis de serem conquistadas. Contudo, dificilmente alguém consegue desenvolver uma sensibilidade madura, acompanhada de proteção emocional, segurança e capacidade de filtrar os estímulos estressantes. Por isso, normalmente, as pessoas sensíveis se tornam como M. L., ou seja, hipersensíveis.

As pessoas hipersensíveis têm as belíssimas características da sensibilidade, mas, ao mesmo tempo, apresentam frequentes crises emocionais e um humor flutuante que se alterna entre o prazer e a dor. Quando erram ou fracassam, punem-se excessivamente. Quando veem alguém sofrendo, sofrem junto com a pessoa e, às vezes, até mais do que ela. Diante de uma perda, não conseguem administrar o impacto emocional. Gravitam em torno das dificuldades que ainda não surgiram e não conseguem impedir dentro de si mesmas o eco dos estímulos estressantes que as circundam.

Pode-se dizer que as pessoas hipersensíveis são as melhores da sociedade, pois são incapazes de ferir os outros. Mas são péssimas para si mesmas. Toleram os erros alheios, mas não toleram seus próprios erros. Compreendem os fracassos do próximo, mas não suportam seus próprios fracassos. São especialistas em autopunir-se. Muitos poetas e pensadores eram hipersensíveis, por isso tiveram graves crises emocionais.

A sensibilidade é uma das mais sublimes características da personalidade; sem ela não se desenvolve a arte da contemplação do belo, a criatividade, a socialização. Infelizmente, o sistema educacional pouco valoriza a expansão da sensibilidade, como também pouco estimula a proteção emocional.

O mestre de Nazaré desenvolveu a sensibilidade emocional no seu sentido mais pleno. Nele, ela se tornou, mais do que uma característica da personalidade, uma arte poética. Era afetuoso, observador, criativo, detalhista, perspicaz, arguto, sutil. Usufruía os pequenos eventos da vida e, ainda por cima, conseguia perceber os sentimentos mais ocultos naqueles que o cercavam. Via encanto numa viúva pobre e percebia as emoções represadas numa prostituta.

Cristo foi o mestre da sensibilidade. Treinou sua sensibilidade desde criança. À medida que crescia em sabedoria, desenvolvia uma emoção sutil e uma inteligência refinada, o que lhe dava uma habilidade psicoterápica impressionante: a de perscrutar os pensamentos não verbalizados e se adiantar às emoções não expressas.

Por que, quando adulto, ele se tornou um exímio contador de histórias? Porque, na infância e na juventude, a rotina e o tédio não cruzaram sua vida. Enquanto os meninos e até os adultos de sua época viviam superficialmente, como meros passantes, ele penetrava nos mínimos detalhes dos fenômenos que o rodeavam e refletia sobre eles. Devia olhar para o céu e compor poesias sobre as estrelas. Certamente despendia um longo tempo contemplando e admirando as flores dos campos. Os lírios cativavam seus olhos e as aves do céu o inspiravam (Mateus 6:26-28). Até o canto dos pardais, que perturba ao entardecer, soava como música aos seus ouvidos. O comportamento das ovelhas e os movimentos dos pastores não passavam despercebidos para esse poeta da vida.

Por ser um exímio observador, o mestre da sensibilidade se tornou um excelente contador de histórias e de parábolas. Suas histórias curtas e cheias de significado continham todos os elementos que ele contemplou, admirou e selecionou ao longo da vida. Morreu jovem – tinha pouco mais de trinta anos –, mas acumulou em sua humanidade uma sabedoria que o mundo acadêmico ainda não incorporou.

A vida não o privilegiou com fartura material, mas ele extraiu riqueza da miséria. Rompeu os parâmetros da matemática financeira; era riquíssimo, embora não tivesse onde reclinar a cabeça. Mergulhou desde a meninice num ambiente estressante, mas expressou a mansidão e a lucidez do seu "deserto". Tornou-se tão manso e calmo que, quando adulto, considerou-se a própria matriz da tranquilidade. Por isso, fez ecoar nos tensos territórios da Judeia e da Galileia um convite nunca antes ouvido: *"Aprendei de mim porque sou manso e humilde de coração"* (Mateus 11:27). Nossa paciência é instável e circunstancial, mas a dele era estável e contagiante. Aqueles que o seguiam de perto não sentiam temores nem abalos emocionais.

Sua sensibilidade era tão arguta que, quando uma pessoa sofria ao seu lado, ele era o primeiro a perceber e a procurar aliviá-la. As dores e as necessidades dos outros mexiam com as raízes do seu ser. Tudo o que tinha, repartia. Era um anti-individualista por excelência.

Cristo tinha uma amabilidade surpreendente. Freud excluiu da família psicanalítica os que pensavam contrariamente às suas ideias, mas o mestre de Nazaré não excluiu da sua história aquele que o traiu nem aquele que o negou. As pessoas podiam abandoná-lo, mas ele jamais desistia de alguém.

Era de esperar que pelo fato de ter desenvolvido o mais alto nível de sensibilidade Cristo tivesse todos os sintomas da hipersensibilidade. Ao contrário, ele conseguiu reunir na mesma orquestra da vida duas características quase irreconciliáveis: a sensibilidade e a proteção emocional. Cuidava dos outros como ninguém, mas não deixava a dor deles invadir sua alma. Vivia no meio dos seus opositores, mas sabia se proteger, por isso não se abatia quando era desprezado ou injuriado. Conseguia mesclar a segurança com a docilidade, a ousadia com a simplicidade, o poder com a capacidade de apreciar os pequenos detalhes da vida.

Ao contrário das pessoas sensíveis, as insensíveis dificilmente expõem suas emoções. São egoístas, individualistas, implacáveis, incapazes de reconhecer seus erros, e por isso são especialistas em reclamar e criticar superficialmente tudo que as circunda. Estão sempre se escondendo atrás de uma cortina de segurança que reflete não uma emoção tranquila, mas uma emoção engessada e insegura. Terapeuticamente falando, é muito mais fácil conduzir uma pessoa hipersensível a proteger sua emoção e a aparar algumas arestas da sua hipersensibilidade do que levar uma pessoa insensível a despojar-se da sua rigidez e conquistar a sensibilidade. Todavia, é sempre possível reescrever algumas características da personalidade; o desafio está em sair da condição de espectador passivo para a de agente modificador do roteiro da própria história.

Embora a sensibilidade frequentemente penda para a hipersensibilidade, quanto mais uma pessoa aprende a encontrar prazer nos pequenos detalhes da vida, mais se torna saudável emocionalmente. Não espere encontrar um grande número de pessoas ricas em emoção na avenida Paulista, nos Champs Elysées, em Wall Street ou entre os milionários listados pela *Forbes*. Procure-as entre aquelas que acham tempo para observar "o brilho das estrelas".

Alguém poderá argumentar que em São Paulo é difícil ver as estrelas por causa da poluição do ar! Sempre haverá argumentos para adiarmos o desenvolvimento da sensibilidade. Se há uma cortina de poluição que bloqueia nosso campo visual, há certamente um universo de detalhes que pulsa ao nosso redor: um diálogo aberto, o sorriso das crianças, uma flor que desabrocha, uma viagem para dentro de si mesmo, uma revisão de paradigmas, a leitura de um livro. Precisamos gastar tempo com aquilo que não dá lucro para o bolso, mas para o interior. Jesus dizia que o tesouro do coração é estável, enquanto os bens materiais são transitórios (Mateus 6:19-20).

Ao preservar sua emoção nos focos de tensão e usufruir o prazer nos pequenos eventos da vida, o carpinteiro deixou-nos um modelo vivo de que é possível desenvolver a sensibilidade, mesmo num ambiente onde só há pedras e areia.

As características ímpares do caráter de Deus e de Jesus

Jesus Cristo não foi apenas o Mestre da Sensibilidade, mas também teve uma característica difícil de ser compreendida, o que torna a sua personalidade paradoxal, diferente de todas as demais: gostava de passar despercebido e de ser encontrado por aqueles que enxergam com o coração.

Antes de estudarmos essa característica de Cristo gostaria de convidar o leitor a mergulhar em algumas indagações filosóficas sobre o caráter do autor da existência – Deus.

Ao olharmos para o Universo, apesar de percebermos tanta beleza e organização, não vemos seu autor. Se há um Deus no Universo, por que Ele deixa a mente humana em suspense e não mostra claramente a sua identidade? Se é onisciente, se tem plena consciência de todas as coisas, inclusive das nossas indagações a seu respeito, por que não resolve as dúvidas que há séculos nos perturbam?

O Universo todo, incluindo as milhões de espécies da natureza, acusam a existência de um criador. Todavia, apesar de ter realizado uma obra fantástica, Ele não quis assiná-la. Por que não? Essa é uma grande questão! Muitos se tornaram ateus porque não encontraram respostas para suas dúvidas. Outros, no entanto, procuram o Criador com os olhos do coração, e por isso afirmam encontrar sua assinatura em cada lugar e em cada momento, nas serenatas dos pássaros, na anatomia das flores e até no sorriso das pessoas.

É próprio de um autor assinar a sua obra, ainda que com pseudônimo. Ao que tudo indica, o Criador deixou que os inumeráveis detalhes da sua criação falassem por eles mesmos, como se fossem a sua própria assinatura.

Alguns administradores públicos realizam pequenas obras, mas ao inaugurá-las fazem grandes discursos. O autor da existência, ao contrário, fez obras admiráveis, tão grandes que nem todas as enciclopédias do mundo poderiam descrevê-las, mas não fez nenhum discurso de inauguração.

Ninguém invade o patrimônio de alguém sob pena de sofrer uma ação judicial. Contudo, estamos vivendo na Terra, da qual retiramos o alimento para viver, o ar para respirar e fazemos um território para morar. Mas onde está o proprietário deste planeta azul que se destaca dos trilhões de outros no cosmo? Por que ele não reivindica o que é seu e nos cobra “impostos” para usufruir sua mais excelente propriedade? Essas são questões importantes!

Houve, em toda a história, pessoas no campo filosófico e teológico que consumiram grande parte de sua energia mental tentando desvendar os mistérios da existência. E quanto mais perguntaram, mais aumentaram suas dúvidas. Por que o autor da vida não se revela sem rodeios a esta espécie pensante à qual pertencemos?

Alguns argumentarão: Ele deixou diversos escritos de homens que tiveram o privilégio de conhecer parte dos seus desígnios. Tomemos como exemplo a Bíblia. Ela é composta de dezenas de livros e demorou cerca de 1.500 anos para ser escrita. No entanto, ainda que possamos mergulhar nos textos bíblicos e ficar encantados com muitas de suas passagens, temos de reconhecer que Deus é um ser misterioso e muito difícil de ser compreendido. Apesar de ser onipresente, isto é, de estar todo o tempo em todo lugar, Ele não se mostra claramente. Por isso usou homens para escrever algo sobre si.

Isaías foi um dos maiores profetas das Antigas Escrituras. Em um dos seus textos ele faz uma constatação brilhante sobre uma característica de Deus que só os mais sensíveis conseguem perceber. Disse: "*...verdadeiramente Tu és um Deus que se encobre*" (Isaías 45:15). Isaías olhava para o Universo, via um mundo admirável, mas ficava perturbado, pois seu autor não gostava de se exibir, ao contrário, ocultava-se aos olhos visíveis.

Certo dia, Elias, outro profeta de Israel, passava por um grande problema. Estava sendo perseguido e corria grave risco de vida. Assustado, escondeu-se dos inimigos, perguntando-se onde estaria o Deus a quem ele servia. Deus fez então surgir um vento impetuoso, mas não estava no vento. Fez surgir um forte fogo, mas também não se encontrava na violência das labaredas. Então, para espanto de Elias, fez surgir uma brisa suave, quase que imperceptível, e lá Ele estava (1 Reis 19:11-13). Amamos os grandes eventos, mas Deus ama as coisas singelas.

É preciso enxergar as coisas pequenas para encontrar Aquele que é grande.

Einstein, o maior cientista do século XX, queria entender a mente de Deus. O autor da teoria da relatividade era mais ambicioso do que se pode imaginar. Como investigador irrefreável, estava interessado em conhecer mais do que os mistérios da física, mais do que a relação tempo/espaço que tanta insônia causa nos cientistas. Queria compreender os pensamentos de Deus.

Outros pensadores, como Descartes, Spinoza, Kant, Kierkegaard, fizeram de suas indagações a respeito de Deus objeto constante de suas pesquisas. Gastavam tempo produzindo conhecimento sobre o Criador. Nunca brotaram no cerne da sua inteligência, leitor, indagações sobre o que é a existência e quem é seu autor?

É próprio do ser humano amar os aplausos, gostar da aparência, comprazer-se no poder e se sentir acima dos seus pares. Pense um pouco. Se o autor da existência aparecesse subitamente na Terra, de maneira clara e visível, Ele não mudaria completamente a rotina humana? As criaturas todas não se prostrariam aos seus pés? Sua imagem não estaria estampada nas primeiras páginas de todos os jornais? Sua presença certamente seria o maior acontecimento da história.

Segundo as biografias de Jesus Cristo, esse fato já ocorreu. Há dois mil anos o Deus eterno finalmente resolveu mostrar a sua "face", dar-se a conhecer às suas criaturas terrenas. João diz, repetindo as palavras de Jesus: *"Ninguém jamais viu a Deus; o filho unigênito, que está no seio do Pai, o revelou"* (João 1:18). Diante dessas palavras, todos poderíamos exclamar: *"Agora, afinal, o autor da existência veio revelar sua identidade."* Todavia, ao analisar a história de Jesus, em vez de resolvermos nossas dúvidas, eis que elas aumentam. Por quê? Porque era de se esperar que o filho do Deus altíssimo nascesse no melhor palácio da Terra, mas, para nosso espanto, ele nasceu entre os animais. No aconchego de um curral derramou suas primeiras lágrimas. O ar saturado do odor azedo de estrume fermentado ventilou pela primeira vez seus pequenos pulmões.

Também era de se esperar que ele mostrasse ao mundo suas virtudes e seu poder desde o nascimento, mas viveu no anonimato até os trinta anos. Quando resolveu, enfim, se manifestar, fez milagres inacreditáveis, mas, em vez de usá-los para comprovar sua real identidade, pedia insistentemente às pessoas que não contassem a ninguém o que havia feito. Esse Jesus é tão inusitado que confunde qualquer um que queira investigar a sua personalidade.

Pelo simples poder da sua palavra, ele rompeu as leis da física como se fossem brinquedos. Curou cegos, ressuscitou mortos, acalmou tempestades, andou sobre as águas, multiplicou a matéria (pães), transfigurou-se, enfim, fez tudo o que a física e as ciências mais lúcidas acham impossível fazer. Por isso, ao investigá-lo, não é possível considerar mais do que duas hipóteses: ou Jesus Cristo é a maior fraude da história ou a maior verdade do Universo; ou os discípulos deliravam ao descrevê-lo ou, de fato, descreveram a pessoa mais admirável, atraente e difícil de ser compreendida que transitou por esta Terra.

Crer ou não em Jesus Cristo é algo totalmente pessoal, algo que diz respeito à consciência individual. Entretanto, como afirmo no primeiro livro desta coleção, mesmo que o rejeitemos, seria impossível aos discípulos inventar uma personalidade como a dele. Nem o autor mais fértil conseguiria imaginar um personagem com as suas características, pois suas reações e pensamentos ultrapassam os limites da previsibilidade, da criatividade e da lógica humanas.

O menino Jesus deveria ter crescido aos pés dos intelectuais da sua época e convivido com a "fina flor" da filosofia grega. Mas não frequentou escolas e, ainda por cima, foi entalhar madeira. Como é possível que aquele que postula ser o coautor de bilhões de galáxias perca tempo em trabalhar uma tora de madeira bruta? Isso não parece loucura? Loucura aos olhos físicos, mas sabedoria para aqueles que enxergam com o coração, para aqueles que enxergam além dos limites da imagem. Os deuses gregos, se fossem vivos, ficariam boquiabertos ao saber que aquele que postula ser o criador dos céus e da Terra, na única vez em que veio se revelar claramente, escondeu-se atrás das pancadas dos martelos.

O coautor da existência na pele de um carpinteiro

João, na sua velhice, fez um relato surpreendente sobre Jesus. Descreveu: *"Tudo foi feito por meio dele e sem ele nada foi feito"* (João 1:3). O pensamento do discípulo indica que o próprio Jesus projetou com o Pai a existência, o mundo animado e inanimado. Pai e filho colocaram o cosmo numa "prancha de arquitetura". Ambos foram responsáveis pela criação da existência, e por isso João disse que sem Jesus nada se realizou.

O evangelista foi mais longe ainda e comentou: *"O verbo se fez carne e habitou entre nós"* (João 1:14). Segundo esse discípulo, o coautor da existência pisou nesta Terra, revestiu-se de um corpo biológico, adquiriu uma humanidade e habitou entre os seres humanos. Por estar escondido na pele de um carpinteiro, é provável que muitos dos que o elogiam e dizem amá-lo hoje, se estivessem presentes naquela época, tivessem grande dificuldade de enxergá-lo e segui-lo.

A convicção com que João discorre sobre Jesus é admirável. Pela sua ótica, aquele que nasceu num curral foi o autor da vida e foi quem confeccionou os segredos dos códigos genéticos, assim como a plasticidade das suas mutações.

De acordo com os quatro evangelhos, Deus e seu filho não são uma mera energia cósmica e extremamente inteligente, não são apenas um poder superior ou uma mente universal, mas seres dotados de personalidade e com características particulares, como cada um de nós. Muitas são claramente observadas, entre elas o prazer de passarem despercebidos e de darem plena liberdade às criaturas de procurá-los ou rejeitá-los.

Um dia, a filha de Jairo morreu. Jesus foi até a sua casa. Chegando lá, encontrou muitas pessoas chorando na sala de espera. Tentando consolá-las, disse com a maior naturalidade: *"Não choreis; ela não está morta, mas dorme"* (Marcos 5:39). Imediatamente as pessoas começaram a caçoar dele, pois sabiam que a menina estava morta. Sem se importar com isso, ele entrou no quarto onde a menina jazia e onde se encontravam os pais e alguns discípulos. Lá, com incrível determinação, chocou os presentes. Apenas deu uma ordem para a menina se levantar, e ela imediatamente reviveu.

Em seguida, tomou duas atitudes inesperadas que mostravam seu caráter modesto. Em primeiro lugar, pediu que dessem de comer à menina. Ora, para quem fez o milagre de ressuscitá-la, não seria fácil alimentá-la de modo sobrenatural? Claro! Contudo, ele se escondeu atrás daquele pedido, querendo, além disso, mostrar que a vida humana não deveria ser feita de milagres, mas de labutas. Fez o mesmo quando pediu que tirassem a pedra do túmulo de Lázaro.

Depois, apesar de todos terem ficado maravilhados com seu ato, advertiu-os para que não contassem a ninguém o que havia acontecido. Como seria possível esconder aquele fato? Jesus sabia que ele se alastraria como fogo no feno seco. Mas por que pediu silêncio?

Seu pedido não era uma estratégia de marketing. Não pedia silêncio para despertar nas pessoas o desejo de divulgar seus atos. Não, ele não simulava seu comportamento, pois, como vimos, viveu a arte da autenticidade. Ao fazer o pedido, estava somente querendo ser fiel à sua consciência, pois o que fazia não era para se autopromover, mas para aliviar a dor humana. Se quisesse, poderia abalar o Império Romano, mas preferia ser apenas um semeador que planta ocultamente suas sementes.

Recusando usar seu poder para aliviar-se

Todos nós gostamos de ser estrelas no meio da multidão. E, ainda que não confessemos, apreciamos que o mundo gravite em torno de nós. Mas Jesus simplesmente não tinha essa necessidade. Seus inimigos o tratavam como um nazareno, uma pessoa desprezível, sem cultura e sem status político, mas isso não o perturbava. Pelo contrário, alegrava-se de não pertencer ao grupo dos fariseus. Fazia questão de ser confundido com seus amigos. Muitos querem ser diferentes dos outros, embora não tenham nada de especial. Contudo, Jesus, apesar de ser tão diferente da multidão, agia com naturalidade. Alcançou uma das virtudes mais belas da inteligência: ser especial por dentro, mas comum por fora, ainda que famoso.

Pensar no comportamento de Jesus nos deixa estarrecidos. Enquanto seus inimigos tramavam sua morte, ele discursava afirmando que era uma fonte de prazer, uma fonte de água viva. Enquanto seus inimigos preparavam falsas testemunhas para condená-lo, ele achava tempo para falar de si mesmo com poesia, dizendo simbolicamente que era uma videira que jorrava uma rica seiva capaz de satisfazer seus discípulos e torná-los frutíferos (João 15:1-5). Que homem é esse que expressa um ardente prazer de viver num ambiente de perdas e rejeições? Que segredos se escondiam no cerne do seu ser que o inspiravam a fazer poesia onde só havia clima para chorar, e não para pensar?

Cristo viveu um paradoxo brilhante. Demonstrou um poder incomum, mas na hora do seu sofrimento esquivou-se completamente de usá-lo. Vocês não acham isso estranho? Por essa razão seus acusadores zombavam dele aos pés da cruz dizendo: *"A outros salvou, a si mesmo não pode salvar"* (Mateus 27:42).

Seus detratores jamais poderiam ter torturado aquele homem que exalava doçura e amabilidade, mas compreende-se que tenham ficado perturbados com o fato de ele ter feito tanto pelos outros, mas nada por si mesmo. Nunca na história alguém tão forte esquivou-se de usar sua força em benefício próprio. No Getsêmani, Jesus não conteve nem mesmo a sua taquicardia, seu suor e a dor da sua alma. Na cruz, não o deixaram morrer em paz. Um eco provocativo feria-lhe a emoção já angustiada: *"Médico, salva-te a ti mesmo."* Mas, ainda que combalido, resistiu. Usou todas as suas células para se comportar como um homem.

O homem, um ser insubstituível

Quando eu era um ateu cético, pensava que Deus fosse apenas uma fantasia humana, um fruto imaginário da mente para abrandar os seus conflitos, uma desculpa da fantástica máquina cerebral que não aceita o caos da finitude da vida. Mais tarde, ao investigar o processo de construção da inteligência e perceber que nele há fenômenos que ultrapassam os limites da lógica, comecei a descobrir que as leis e os fenômenos físicos não são capazes de explicar plenamente a psique humana. Em milésimos de segundo somos capazes de entrar nos labirintos da memória e, em meio a bilhões de opções, construir as cadeias de pensamentos com substantivos, sujeitos, verbos, sem saber previamente onde estão situados. Como isso é possível? Intrigado, comecei a me dar conta de que deve haver um Deus que se esconde atrás do véu da sua criação.

Perguntei, questionei, pesquisei continuamente alguns mistérios da existência. A arte da pergunta ajudou muito a me esvaziar dos preconceitos e abrir as janelas da minha mente. O teor das perguntas determina a dimensão das respostas. Só quem não tem medo de perguntar e de questionar, inclusive as suas próprias verdades, pode se fartar com as mais belas respostas. Que respostas encontrei? Não preciso dizer. Encontre as suas. Pergunte e investigue quantas vezes for necessário. Ninguém pode fazer isso por você. Ninguém pode ser responsável pela sua consciência.

Permitam-me afirmar que, ao final, as biografias de Cristo revelam algo nunca escrito ou pensado. Esses textos compõem as mais belas passagens da literatura mundial.

Do ponto de vista filosófico, a vida humana é uma gota existencial na perspectiva da eternidade. Num instante somos bebês e noutro instante somos velhos. Morremos um pouco a cada dia. Milhares de genes conspiram contra a continuidade da existência, traçando as linhas da velhice, nos conduzindo para o fim do túnel do tempo.

A história de Cristo mostra-nos que o Deus que não teve princípio e não terá fim se importa realmente com os complicados mortais. Sem analisar a história registrada nos evangelhos é difícil olhar para o Universo e não questionar: quem nos assegura que não somos marionetes do poder do Criador? Seremos meros objetos do seu divertimento que mais tarde serão descartados no torvelinho do tempo?

Nas sociedades humanas, mesmo nas democráticas, somos mais um número de identidade, mais um ser que compõe a massa da sociedade. Contudo, apesar de Jesus ser uma pessoa coroada de mistérios, ele veio claramente com a missão de proclamar ao mundo que cada criatura é singular para Deus.

Na parábola do filho pródigo (Lucas 15:11-32), da ovelha perdida (Lucas 15:3-7) e em tantas outras, esse agradável contador de histórias empenha a sua própria palavra, afirmando categoricamente que cada um de nós é um ser insubstituível e inigualável, apesar dos nossos erros, falhas, fragilidades e dificuldades. Usou seu próprio sangue como tinta para escrever um contrato eterno entre o Criador e a criatura.

Se os textos dos evangelhos não tivessem chegado a nós, não seria possível que a mente humana concebesse a ideia de que o autor da existência tinha um filho e que, por amar a humanidade incondicionalmente, o enviaria ao mundo para viver sob as condições mais desumanas e, por fim, se sacrificar por ela (João 5:36). Como pode o Criador amar a tal ponto uma espécie tão cheia de defeitos, cuja história está mergulhada num mar de injustiças e violações de direitos?

O filho morreu como o mais indigno dos homens e, enquanto ele morria, o Pai chorava intensamente, ainda que possamos não atribuir lágrimas físicas a Deus. Ele chorava a cada ferida, a cada hematoma e a cada bater do martelo que cravava seu filho na cruz.

Os pais não suportam a dor dos filhos. Uma pequena ferida em seus filhos é capaz de fazer os pais entrarem em desespero. Vê-los morrer é indubitavelmente a maior dor que podem sofrer. Agora, imagine a dor do Pai pedindo a Jesus que se entregue voluntariamente, deixando que os homens o julgassem.

Segundo as escrituras do Novo Testamento, há dois mil anos aconteceu o evento mais importante da história. O mais dócil e amável dos homens foi espancado, ferido e torturado. Seu Pai estava assistindo a todo o seu martírio. Podia fazer tudo por ele, mas, se interviesse, a humanidade estaria excluída do seu plano. Por isso, nada fez. Foi a primeira vez na história que um pai teve pleno poder e pleno desejo de salvar um filho, de estancar a sua dor e punir seus inimigos, e se absteve de fazê-lo. Quem mais sofreu, o filho ou o Pai? Ambos.

O autor da existência abriu uma profunda vala na sua emoção à medida que seu filho morria lentamente. Ambos viveram o mais impressionante espetáculo de dor. Que entrega arrebatadora! O imenso cosmo ficou pequeno demais para o Todo-Poderoso. O tempo, inexistente para o onipresente, fez pela primeira vez uma pausa, custou a passar. Cada minuto se tornou uma eternidade.

O comportamento do "Deus Pai" e do "Deus Filho" implode completamente nossos paradigmas religiosos e filosóficos, dilacera os parâmetros da psicologia. Em vez de exigirem sacrifícios e reverências da humanidade, ambos se sacrificaram por ela. Pagaram um preço incalculável para dar o que consideravam a maior dádiva que um ser humano pode receber, aquilo que Cristo chamava de o "outro consolador", o Espírito Santo. Que amor é esse que se doa até às últimas consequências?

Tibério César estava sentado no trono em Roma. Queria dominar a terra com espadas, lanças e máquinas de guerra. Mas o autor da vida e seu filho, que postulam ser os donos do mundo, queriam sujeitá-lo com uma história de amor.

O Pai e o filho são fortes ou fracos? Fortes a tal ponto que não precisavam mostrar sua força. Grandes a tal ponto que se misturaram com as pessoas mais desprezadas da sociedade. Nobres a tal ponto que queriam ser amados por homens e mulheres, e não tê-los como seus escravos ou servos. Pequenos a tal ponto que só são perceptíveis àqueles que enxergam com o coração. Somente alguém tão forte e tão grande consegue se fazer tão pequeno e acessível! É impossível analisar o Pai e o filho sem sentir o quanto somos mesquinhos, orgulhosos, individualistas e emocionalmente frios.

As metas de Jesus não eram os seus milagres exteriores. Estes eram pequenos perto do seu real desejo de transformar o interior do ser humano, reparar as avenidas dos seus pensamentos, arejar os becos das suas emoções e fazer uma faxina nos porões inconscientes da sua memória.

Somente uma mudança de natureza conduziria as criaturas a conquistar as características mais importantes da personalidade que Cristo amplamente viveu. Se cada um, independentemente da religião que professa, incorporasse em sua personalidade algumas dessas características, a Terra não seria mais a mesma. Os consultórios dos psicoterapeutas se esvaziariam. Não haveria mais violência nem crimes. As nações não gastariam mais um tostão com armas. A fome e a miséria seriam extintas. As prisões virariam museus. Os soldados se transformariam em romancistas. Os juízes despiriam suas togas. Não haveria mais necessidade de a Declaração Universal dos Direitos do Homem constar na carta magna da ONU, pois o amor, a preocupação com as necessidades dos outros, a solidariedade, a tolerância, a busca de ajuda mútua, o prazer pleno, o sentido existencial e a arte de pensar seriam cultivados indefinidamente. As sociedades se tornariam um jardim com uma única estação, a primavera.

O Mestre da Sensibilidade foi para o caos

Estudamos a trajetória de Cristo até o Getsêmani. Agora chegou o momento de o Mestre da Sensibilidade ser preso e julgado. O mundo, a partir de então, conheceria a mais dramática sequência de dor física e psicológica que um homem já suportou. São mais de trinta tipos de sofrimentos, assunto a ser estudado em outro livro desta coleção. Jamais alguém pagou conscientemente um preço tão alto para executar suas metas, para materializar seu sonho.

Depois de estudarmos cada uma das etapas do sofrimento que Jesus Cristo viveu nos instantes finais de sua vida e a forma como ele se comportou diante delas até morrer de desidratação, hemorragia, exaustão e falência cardíaca, provavelmente nunca mais seremos os mesmos.

Alguns, diante das angústias, desistem dos seus sonhos e, às vezes, até da própria vida. Cristo era diferente, amava viver cada minuto. Tinha consciência de que o feririam sem piedade, mas não recuaria. Havia predito que o humilhariam, iriam cuspir-lhe no rosto e o tornariam um espetáculo público de vergonha e dor, mas ele permaneceria de pé, firme, fitando seus acusadores nos olhos. A única maneira de cortá-lo da terra dos viventes era matá-lo, extrair cada gota do seu sangue.

Nunca alguém que sofreu tanto demonstrou convictamente que a vida, apesar de todas as suas intempéries, vale a pena ser vivida!

SOBRE O AUTOR

Augusto Cury é psiquiatra, cientista, pesquisador e escritor. Publicado em mais de 70 países, já vendeu, só no Brasil, mais de 30 milhões de exemplares de seus livros, sendo considerado o autor brasileiro mais lido na atualidade.

Entre seus sucessos estão *Armadilhas da mente*, *O futuro da humanidade*, *A ditadura da beleza e a revolução das mulheres*, *Pais brilhantes, professores fascinantes*, *O código da inteligência*, *O vendedor de sonhos*, *Ansiedade*, *Nunca desista de seus sonhos*, *O homem mais inteligente da história* e *O homem mais feliz da história*.

Cury é autor da Teoria da Inteligência Multifocal, que trata do complexo processo de construção de pensamentos, dos papéis da memória e da construção do Eu. Também é autor do Escola da Inteligência, o primeiro programa mundial de gestão da emoção para crianças e adolescentes e o maior programa de educação socioemocional da atualidade, com mais de 250 mil alunos.

Acompanhe o autor pelo Facebook:
Facebook.com/augustocuryautor

Entre em contato com o autor:
contato@augustocury.com.br
escoladainteligencia.com.br

Conheça outros títulos de Augusto Cury:

Ficção

Coleção O homem mais inteligente da história

O homem mais inteligente da história

O homem mais feliz da história

O futuro da humanidade

A ditadura da beleza e a revolução das mulheres

Armadilhas da mente

Não ficção

Coleção Análise da inteligência de Cristo

O Mestre dos Mestres

O Mestre da Sensibilidade

O Mestre da Vida

O Mestre do Amor

O Mestre Inesquecível

Nunca desista de seus sonhos

Você é insubstituível

O código da inteligência

Os segredos do Pai-Nosso

A sabedoria nossa de cada dia

Revolucione sua qualidade de vida

Pais brilhantes, professores fascinantes

Dez leis para ser feliz

Seja líder de si mesmo